Trattoria Mangia Pesce
Mangiamo a casa
マンジャペッシェの技をご家庭で

『トラットリア マンジャペッシェ』は、1996年のオープン以来、多くの人たちに愛されてきました。

この本では「お魚を召し上がれ」という店名通り、私たちが得意とする魚料理をはじめ、前菜、パスタ、肉料理、ドルチェなど当店で人気の75レシピを初公開。そのどれもがゲストの笑顔を思い浮かべて考えた、珠玉の一皿です。

プロ直伝のレシピは日々、同じ料理を繰り返し作ることで、手順の無駄が削ぎ落とされシンプルになっていきます。

手に入りやすい食材を使い、"簡単でおいしいから何度でも作りたくなる"そんなレシピを集めました。

人気のトラットリアの味を、自宅で楽しめる贅沢な1冊になっています。作る人も食べる人も幸せにする、マンジャペッシェの料理で口福なひとときをお楽しみください。

『トラットリア マンジャペッシェ』一同

Contents

Antipasto Caldo
温かいアンティパスト

Primo Piatto
パスタ・リゾット

Secondo Piatto / Pesce
魚料理

Secondo Piatto / Carne
肉料理

Dolce
ドルチェ

Fatto in casa

about
Trattoria Mangia Pesce

・本書で用いている「EVオリーブオイル」とは、エクストラヴァージンオリーブオイルの略です。
・当店では、香りづけにはEVオリーブオイル、加熱用にはピュアオリーブオイル、ブレンドオイルと使い分けています。最近では、リーズナブルな価格のEVオリーブオイルが簡単に手に入りますので、お気に入りの1本を常備しておきましょう。
・計量の目安は、5ccは小さじ1杯、15ccは大さじ1杯、200ccは1カップです。
・イタリア料理を引き立てる食材は、ミックスナッツ、アンチョビ（フィレ）、ケッパー（酢漬け）、オリーブ、パルミジャーノチーズ（市販の粉ではなく、固まりが望ましい）など。
　とくにパルミジャーノチーズや同じパルマ産グラナパダーノチーズは、市販の粉を使うより自分で固まりを削って使うと、風味がまるで違います。

Piatto Classico

マンジャペッシェの
定番料理

Acqua Pazza

アクアパッツァ

アクアパッツァ

[2〜3人分]

魚(丸ごと)……1尾(300g前後)
＊切り身でも可。写真の魚は800gぐらいだが
家庭では300g前後が作りやすい

セミドライトマト……8個
(作り方はp134を参照)

塩……適量

EVオリーブオイル……適量

オリーブ……8個

ケッパー(酢漬け)……10粒

アサリ……10個

パセリ……適量

水……450cc

EVオリーブオイル(ソース用)……45cc

1. 魚はウロコと内臓を取り、塩をして、しばらく置く。パセリはみじん切りに。

2. フライパンを熱し、EVオリーブオイルを入れ、魚の両面を香ばしく焼く。

3. 水、セミドライトマト、オリーブ、ケッパー、アサリを入れ、強火で沸騰させながら、スープを魚にかけ続ける。

4. 魚に火が入り、スープに旨みが出てきたら火を弱め、EVオリーブオイルを入れて、フライパンをゆすりながらソースを乳化(マンテカーレ)させ、トロッとさせる。

5. パセリを散らして、皿に盛る。

（ マンジャペッシェの技 ）

魚はタイやスズキなど白身魚であれば何でもOKです。
旬の魚を楽しんでください。フライパンに魚全体が入ら
なければ、頭部分と尾部分にカットしましょう。そもそ
もアクアパッツァとは、狂った水という意味。魚の表面
をよく焼いてコクを出し、水を狂ったように沸騰させ、
魚にスープをかけ続けながら煮込むことで、力強い旨み
が引き出されます。煮詰まりすぎて、塩味が強い場合は、
水を入れて調整します。

Conchiglie

海苔と柚子胡椒のクリームソース 手打ちコンキリエ

Bagna càuda

バーニャカウダ

海苔と柚子胡椒のクリームソース
手打ちコンキリエ

[1～2人分]

生海苔……15g
板海苔……1/2枚
生クリーム……160cc
グラナパダーノチーズ（粉）……10g
柚子胡椒★……適量
塩……適量
水……30cc
コンキリエ……80g
（作り方はp084を参照）

1. 鍋に水と板海苔、塩をひとつまみ入れて弱火にかけ、板海苔をよく溶かす。

2. 1に生クリームを入れ、ひと煮立ちさせる。

3. 塩分濃度1%の湯を沸かし、コンキリエを5分茹でる。

4. 2のソースに水けを切った3を入れて中火にかけ、ソースとよく混ぜ合わせる。

5. 4にグラナパダーノチーズと生海苔を加え、さらによく混ぜる。

6. 皿に盛り、柚子胡椒を散らす。

★柚子胡椒

材料：作りやすい分量

青柚子……4個
青唐辛子……4g
塩……柚子の皮と青唐辛子の総量の11%

1. 青柚子の皮を白い部分も含めて厚くむき、みじん切りにする。

2. 青唐辛子もみじん切りに。

3. 1と2に塩を加え、すり鉢でよく混ぜ合わせれば完成。冷凍保存もできます。

バーニャカウダ

[作りやすい分量]

好みの野菜……適量
ニンニク（むいたもの）……300g
アンチョビ（フィレ）……90g
＊ペーストでも可
牛乳……適量
EVオリーブオイル……適量
水……適量

1. バーニャカウダソースを作る。鍋に皮をむいたニンニクを入れ、ニンニクが浸るくらいの水を注ぎ、火にかける。

2. 中火から強火で茹で、沸騰したらザルにあげる。これを3回繰り返す。

3. 3回茹でこぼしたら、鍋にニンニクを戻し、ニンニクが浸るくらいの牛乳を注ぎ、火にかける。

4. 沸騰しそうになったら弱火にしてコトコト煮る。指で簡単につぶれるくらいやわらかくなったらザルにあげて冷ます。

5. ニンニクが冷めたら水気を切って、アンチョビと一緒にミキサーに入れてよく混ぜる。

6. 皿に好きな野菜を盛りつける。鍋にバーニャカウダソースとEVオリーブオイルを入れて温めてから容器に移し、皿に添える。

プロがやっているニンニクのむき方は、まず根元を包丁でカットし、500Wの電子レンジに1分かけるだけ。1個ずつツルリとむける。

（ マンジャベッシェの技 ）

当店では、ニンニクを茹でたらザルのまま一晩おいています。こうすると余分な水分が切れて、水っぽくならないからです。アンチョビの量はあくまでも目安です。アンチョビの塩分やニンニクの水分で味が変わるので、微調整をしましょう。ソースにオイルを混ぜておくと、ソースが冷めにくくなります。

Antipasto Freddo

冷たいアンティパスト

Antipasto freddo

タコとセロリのサラダ

切って、混ぜるだけ。
レモン風味の簡単お惣菜。

[2人分]

セロリ……70g
茹でタコ……80g
ニンニクオイル……2~3滴
（作り方はp032を参照）
イタリアンパセリ（粗みじん切り）……適量
＊パセリでも可
EVオリーブオイル……適量
レモン……1/4個
レモン汁……3~4滴
塩……適量

1. セロリの筋を取りのぞき、斜めに切る。

2. 茹でタコはぶつ切りにする。

3. ボウルにセロリ、タコを入れ、EVオリーブオイルをかけて全体に行き渡るようにし、素材をコーティングする。

4. 3にパセリ、ニンニクオイルを加え、レモン汁と塩で味を調える。

5. 4を皿に盛り、さらにEVオリーブオイルをふりかけ、レモンを添える。

（ マンジャペッシェの技 ）

ニンニクオイルがなければ、ニンニクの擦りおろし、またはみじん切りでも代用できます。セロリをEVオリーブオイルでコーティングすれば、味がつきやすくなります。

Antipasto freddo

ブリの炙りカルパッチョと
ザワークラウト

―――――――――

炙った香りがブリの旨さを
さらに際立たせる。

―――――――――

[2人分]

ブリ（刺身用、サク）……100g
塩……適量
白コショウ……適量
ザワークラウト★…適量
EVオリーブオイル……適量

1. ブリは固まりのまま表面に塩、コショウをする。

2. ガスコンロの火をつけ、アミの上に1をのせて表面を香ばしく炙る。

3. 2が冷めたら、適当な大きさにカットし、ザワークラウトを添えて、EVオリーブオイルをかける。

（ マンジャペッシェの技 ）

ガスバーナーで炙ると本格的な仕上がりになります。アミが無ければ、串に刺したり、トングで持って炙ることもできます。

★ザワークラウト

[作りやすい分量]

赤キャベツ……1個
＊普通のキャベツでもよい
塩……適量

1. 赤キャベツを3〜4mmの千切りにする。

2. ボウルにキャベツと、キャベツの量の1.5%の塩を入れてよく混ぜる。

3. 2を密閉容器に入れて常温で1週間おく。

4. 乳酸発酵して、酸味が出てきたら完成。冷蔵庫で保存も可能。

Antipasto freddo

鮮魚のカルパッチョ

———

白身魚の刺身があれば簡単！
当店の人気メニュー。

———

[2人分]
白身魚（刺身用、サク）……100g
レモン……1/4個
塩、EVオリーブオイル……各適量
セルフィーユ、ディル、レモンの皮……各適量

1. 皿にスライスした刺身を一面に敷き詰める。

2. 1に塩をふり、EVオリーブオイルをまわしかけ、
   レモンの皮を削りながら皿一面にかける。

3. セルフィーユ、ディルを飾り、レモンを添える。

アジとオレンジのマリネ

白ワインとの相性抜群！
夏の夜にピッタリの一皿。

[2人分]
アジ（刺身用）……1尾
オレンジ……1/2個
ブロッコリースプラウト……1/2パック
米酢……100cc
＊白ワインビネガーでもよい。
EVオリーブオイル……適量
塩……適量

1. アジの両面に少し強めの塩をふっておく。ラップ材をして、冷蔵庫で約1時間寝かせる。

2. オレンジの上下の端を切り落とし、皮を果肉が見えるまでむく。房に合わせて包丁で切り込みを入れ、果肉を取り出し、食べやすい大きさに切る。

3. ブロッコリースプラウトは根を切る。

4. アジに塩が馴染んだら、表面を流水で洗い、水気をふき取る。

5. 4を米酢に浸し、片面を5分ずつ浸けてマリネする。酢から取り出したら水気をよくふく。これでマリネ完成。

6. アジの皮を手または包丁で取りのぞく。

7. 腹骨があれば、取りのぞき、真ん中の中骨も骨の両端を切り落として、身と骨にわける。

8. アジは適当な大きさにスライスし、皿に盛り付け、EVオリーブオイルをまわしかける。

9. 仕上げにオレンジとブロッコリースプラウトを飾る。

(マンジャペッシェの技)

米酢の代わりに白ワインビネガーを使ってもおいしいです。アジの水気をしっかりふいておけば、ラップ材をして冷蔵庫で3〜4日保存できます。こうするとアジが熟成し味がまろやかになります。また、アジの表面に少しEVオリーブオイルを塗ってしばらくおくと、風味が落ちずに酸化も防げます。

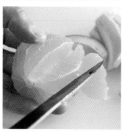

果肉のところギリギリまで包丁で皮をむき、一房ずつ包丁を入れて、房をきれいに取り出すのがプロの技。

Antipasto freddo

イワシの南蛮漬け

ヴェネツィアの人気料理を
冷やして召し上がれ。

[2人分]

イワシ……2尾
玉ねぎ……50g
砂糖…5g
白ワインビネガー……80cc
ミックスナッツ……5g
レーズン……6g
ローリエ……1枚
塩……適量
薄力粉……適量
EVオリーブオイル……適量
ニンニク（皮つき）……1片
ミント……適量

1. イワシは3枚におろし、腹骨をそぎ落としたら、両面に軽く塩をして5分おく。食べやすい大きさに切る。

2. 玉ねぎは2~3mmの厚さに切り、ミックスナッツは粗みじん切りにする。

3. 鍋にEVオリーブオイルと軽くつぶしたニンニクを入れ、弱火で香りが出るまで加熱し、玉ねぎを加えて炒め、塩を軽くひとつまみ入れ、さらにしんなりするまで炒める。

4. 3に砂糖、ローリエ、レーズン、ミックスナッツを入れて混ぜ、白ワインビネガーを加え、ひと煮立ちさせる。

5. 1に薄力粉をまぶし、180℃の油（材料外）で香ばしく揚げる。

6. イワシは油をよく切り、4が温かいうちに浸し、よくからめる。

7. 常温に冷まし、皿に盛ってミントを飾る。

マンジャペッシェの技

骨が多いイワシは、酢でマリネすることで骨が酸化して食べやすくなります。白ワインビネガーを沸騰させすぎると酸が飛んでしまうので要注意。漬け込んだアジは、一晩おいた方が酸が落ち着き、味もよくなじみます。

Antipasto freddo

塩ダラと長ねぎの
バッカラ マンテカート

ヴェネト州の伝統料理を
家庭で簡単に再現できる。

[2～3人分]

塩ダラ……180g
長ねぎ……50g
ニンニク（みじん切り）……5g
牛乳……80cc
EVオリーブオイル……40cc
塩……適量
バゲット……好みの量
イタリアンパセリ……適量　＊パセリでも可

1. 塩ダラの皮と骨を取り、3cm角くらいに切り、長
   ねぎは1～2mmに切る。

2. 鍋に塩ダラ、牛乳、長ねぎ、ニンニクを入れて火
   にかけ、沸いたら弱火にして混ぜながら、水分が
   少なくなるまで煮詰める。

3. 2をボウルに移し、冷ます。

4. 3にEVオリーブオイルを約5cc注ぎ、ヘラで攪拌
   するようによく混ぜる。よく混ざったら、再びEV
   オリーブオイルを約5cc入れ、よく混ぜる。同様
   の作業を分量のオイルがなくなるまで繰り返す。

5. 塩で味を調えてから皿に盛ってイタリアンパセリ
   を飾り、トーストしたバゲットを添える。

> マンジャペッシェの技

牛乳を煮詰めるまでの時間は約8分が目安です。オイ
ルを一気に入れると分離するので要注意。オイルを少
しずつ入れながら乳化（マンテカーレ）させ、クリー
ミーにすることで、塩気がなじんで、口当たりがよく
なります。料理名の「マンテカート」は、「乳化した」
という意味。

マグロのタルタル

マグロとおろしチーズ、卵黄の
濃厚なハーモニーを楽しんで。

[2〜3人分]

マグロ（赤身）……100g
ミックスナッツ……3g
ケッパー（酢漬け）……3g
万能ねぎ……3g
卵黄…1個分
グラナパダーノチーズ（粉）……適量
塩……適量
ニンニクオイル★……3〜4滴
EVオリーブオイル……適量
黒コショウ……適量

1. マグロを5mm角に切り、ボウルに入れ、塩、ニンニクオイル、EVオリーブオイルを加えてよく混ぜる。

2. ケッパー、ミックスナッツは粗みじん切りに。万能ねぎは小口切りにする。

3. 皿の中央にマグロを丸く盛りつけ、上にケッパー、ミックスナッツ、万能ねぎ、卵黄をのせ、グラナパダーノチーズ、黒コショウをふり、最後にEVオリーブオイルをかける。

（ マンジャペッシェの技 ）

ニンニクオイルがなければ、ニンニクの擦りおろし、またはみじん切りを耳かき0.5杯分で代用してください。

★ニンニクアッシェ オイル漬け
（ニンニクオイル）

[作りやすい分量]

ニンニク……1株
EVオリーブオイル……50cc

1. ニンニクの皮をむき、芽を取り、みじん切り（アッシュ）にする。

2. 1をEVオリーブオイルに漬けて保存する。冷蔵庫で1週間保存可能。オイルはニンニクオイルとして活用できる。

Antipasto freddo

鶏レバーのコンフィ

簡単にできて保存可能。
スターターにぴったりの一皿。

[作りやすい分量]

鶏レバー……200g
塩……適量
EVオリーブオイル……200cc
ニンニク（皮つき）……1片
黒コショウ……適量
ローズマリー……1本
ローリエ……1枚

1. 鶏レバーを食べやすい大きさに切り、塩、黒コショウをして1時間おく。鶏レバーの血管が気になる場合は、取りのぞく。

2. 鍋にEVオリーブオイル、ニンニク、ローズマリー、ローリエを入れ弱火で約70℃まで温める。

3. 1の水気をよくふき取り、2の中に入れて温度を保ったまま40分加熱。

4. オイルに漬けたまま冷ます。

（ マンジャペッシェの技 ）

鶏レバーにまぶす塩の量は、鶏レバーの重さの1.3%くらいが目安です。冷蔵庫で2週間保存可能。

Antipasto freddo

プロシュートコット
トンナートソース

ピエモンテの郷土料理の
しっとりハムをご家庭で。

[作りやすい分量]

豚ロース肉（ブロック）……300g
好みのハーブ……各適量
（ローズマリー、フェンネルシードなど）
ニンニク……1片
塩、黒コショウ……各適量
トンナートソース★……適量

1. 豚肉に塩、黒コショウをする。

2. ニンニクは皮をむいてスライスし、ハーブと一緒に豚肉に貼りつけ、冷蔵庫で一晩おく。

3. 2の水分をふき取り、ハーブ類はつけたままラップ材をきっちり巻く。

4. 100℃に熱したオーブンに豚肉をラップ材ごと入れ、約100分焼く。途中、上下をひっくり返し、まんべんなく焼く。

5. 粗熱が取れたら、冷蔵庫で冷やし、ラップ材をはずしてスライスし、トンナートソースを添える。

   ＊130℃まで耐熱のラップ材を使用しています。お手元のラップ材の耐熱温度をご確認ください。

★トンナートソース

[作りやすい分量]

ツナ缶……60g
ニンニク（みじん切り）……2g
ケッパー（酢漬け）……10g
白ワイン……8cc
マヨネーズ……30g
レモン汁……適量
EVオリーブオイル……適量

1. ツナ缶の油をよく切る。

2. フライパンにニンニク、EVオリーブオイルを入れ弱火で炒め、香りが出たらツナ、ケッパー、白ワインを入れ中火でさっと炒め、アルコール分を飛ばしたら冷ましておく。

3. 2にマヨネーズとレモン汁を加え、ハンドミキサーでよく混ぜる。

ローストポーク
バルサミコ風味

ほんのり甘くて、柔らかい！
旨みがギュッと凝縮した肉料理。

[3〜4人分]

豚肩ロース肉（ブロック）……500g
A｜バルサミコ酢……40cc
　｜はちみつ……30cc
　｜ローリエ……1枚
　｜ニンニク（みじん切り）……5g
塩、黒コショウ……各適量
EVオリーブオイル……適量

1. 豚肩ロース肉に塩、黒コショウをまぶし、手でよくすり込む。

2. 1とAをジッパーつき保存袋に入れ、手でよくもみ込み、冷蔵庫に一晩おく。

3. 2を袋から出して耐熱容器に移し、130℃に余熱しておいたオーブンに入れ、20分おきに肉をひっくり返しながら60分加熱する。

4. オーブンから出し、ラップ材をかけて冷ましたら、適当な厚さに切り、好みでEVオリーブオイル、塩、黒コショウを添える。

（ マンジャペッシェの技 ）

肉にする塩の量は、肉全体の重さの1.1〜1.3％ぐらいです。

きのこのマリネ

焼いたバゲットに乗せれば
きのこのブルスケッタに。

[作りやすい分量]

好みのきのこ
（しいたけ、しめじ、舞たけ、
マッシュルーム、エリンギ）……各1パック
ニンニク（みじん切り）……5g
ローズマリー……1本
イタリアンパセリ……適量
＊パセリでも可
赤ワインビネガー……30cc
塩……適量
EVオリーブオイル……適量

1. きのこ類を適当な大きさに切る。イタリアンパセリは粗みじん切りにする。

2. フライパンを熱し、EVオリーブオイルを入れ、全部のきのこを入れ、中火でしばらく動かさずに火を通す。

3. きのこに火が通り始めたら混ぜ、しばらくおく。これを繰り返す。

4. きのこが少ししんなりしてきたらローズマリーを枝ごと入れ、ニンニクと塩を加えて炒める。

5. ニンニクの香りがしてきたら、赤ワインビネガーとパセリを加える。容器に入れて冷ます。

ピクルス

たくさん作って飾れば
わが家がトラットリアに。

[作りやすい分量]

好みの野菜……600g
A 米酢……400cc
　 塩……10g
　 砂糖……150g
　 黒コショウ（粒）……8粒
　 唐辛了……1本
　 ニンニク……1片
　 ディル……2本
　 ローリエ……2枚
　 水……600cc

1. 野菜を食べやすい大きさに切る。

2. 1をボウルに入れて軽く塩（分量外）をして、余分な水分を出す。

3. Aを鍋に入れ、火にかけて沸騰させる。

4. 容器に水気を切った2の野菜を入れ、熱々の3を注ぎ入れる。

5. 冷蔵庫で一晩冷やす。

Antipasto freddo

チェリートマトと
モッツァレラチーズの
カプレーゼ

火を使わないので速攻、
簡単にできる時短レシピ。

[2人分]
チェリートマト……6個
バジル……2枚
モッツァレラチーズ……125g
塩、黒コショウ……各適量
EVオリーブオイル……適量

1. チェリートマトを半分に切り、ボウルに入れて塩
   をふり、よく混ぜてトマトの水分を出す。

2. モッツァレラチーズは食べやすい大きさに切る。

3. 1のボウルにモッツァレラチーズを入れ、塩を軽
   くふる。

4. 3にEVオリーブオイルを2周まわし入れ、適当な
   大きさにちぎったバジルを加え、黒コショウをふ
   りかけてよく混ぜる。

5. トマトの水分とオイルがよく混ざってトロッとし
   たソースになったら、皿に盛りつける。

(マンジャベッシェの技)

トマトから出た水分は捨てずに、この水分でよくトマ
トを混ぜ合わせます。そうすると、トマトの旨みがチー
ズにからんでおいしくなります。

Antipasto freddo

枝豆とモッツァレラチーズの
サラダ

香り高い枝豆とフレッシュチーズの
マリアージュを楽しんで。

[作りやすい分量]

枝豆（むいたもの）……35g　＊冷凍でもよい
モッツァレラチーズ……125g
塩、黒コショウ……各適量
EVオリーブオイル……適量

1. 1%の塩分濃度の湯で枝豆を少し柔らかめに茹でて、
   冷ましておく。

2. 枝豆は鞘からはずし、薄皮をむく。

3. ボウルに半量の枝豆を入れ、スプーンでつぶす。

4. 3に残りの枝豆と水気を切って食べやすい大きさに
   切ったモッツァレラチーズを入れ、塩、EVオリーブ
   オイルを加えてよく混ぜ合わせ、味を調える。

5. 4を皿に盛って、さらにEVオリーブオイルと黒コショ
   ウをふる。

そら豆のパルミジャーノ

イタリアの5月の味。
冷たくても、熱々でもおいしい。

[作りやすい分量]

そら豆（鞘つき）……400g（豆だけで90g）
パルミジャーノチーズ（固まり）……適量
EVオリーブオイル……適量
塩、黒コショウ……各適量

1. 1%の塩分濃度の湯を沸かし、鞘からはずしたそら豆を3〜4分茹でる。

2. そら豆の皮をむき、皿に盛り、軽く塩をふり、パルミジャーノチーズをピーラーで削りながらかける。

3. 最後にEVオリーブオイルと黒コショウをかける。

なすのカポナータ

夏の定番レシピ。
冷やすとさらにおいしい。

[作りやすい分量]

なす……15本
ミックスナッツ……20g
玉ねぎ……100g
トマト缶……50g
赤ワインビネガー……80cc
ニンニク（みじん切り）……3g
ケッパー（酢漬け）……10g
砂糖……5g
塩……適量
EV オリーブオイル……適量
ニンニクオイル……2滴
（作り方は p032 を参照）
イタリアンパセリ……適量

1. なすの皮をむき、1.5cmの半月に切る。

2. 1を180℃の油（材料外）で香ばしく揚げ、塩をしてザルにあげておく。

3. 玉ねぎはみじん切りに、ミックスナッツは粗みじん切りに。

4. 鍋にニンニク、玉ねぎと EV オリーブオイルを入れて火にかけ、弱火で玉ねぎの表面が透き通るまで炒める。

5. 4になす、赤ワインビネガー、トマト缶、ケッパーを入れてひと煮立ちさせる。

6. 最後に砂糖を加え、塩で味を調えて、ニンニクオイルを2滴ふり入れ、冷ます。皿に盛り、イタリアンパセリを飾る。

ベーコンとマッシュルームの
シーザーサラダ

生野菜がモリモリ食べられる
魔法のシーザードレッシングを添えて。

[2〜3人分]

ロメインレタス……60g
＊レタスなら何でもよい
温泉卵……1個
グラナパダーノチーズ（粉）……適量
ベーコン……50g
マッシュルーム（生）……5個
塩、黒コショウ……各適量
クルトン……適量
EVオリーブオイル……適量
シーザードレッシング★……適量

1. ロメインレタスはちぎってよく洗い、水に放って
   シャキシャキにし、よく水気を切る。

2. ベーコンは短冊に切り、マッシュルームは3個を
   くし型に、2個はスライスする。

3. フライパンにEVオリーブオイルを入れ、ベーコ
   ンを中火で炒める。

4. ベーコンの脂が溶けてきたら、くし型のマッシュ
   ルームを加えて香ばしく炒め、塩で味を調える。

5. ボウルにレタスを入れ、シーザードレッシングで
   よく和える。

6. 皿に5を盛り、温泉卵を真ん中にのせて、卵に軽
   く塩をふる。

7. 6に炒めたベーコンとマッシュルームをのせ、黒
   コショウ、チーズ、クルトンの順にふりかけ、最
   後にスライスしたマッシュルームを飾って完成。

★シーザードレッシング

[作りやすい分量]

卵……1個
牛乳……35cc
アンチョビ（フィレ）……60g
＊ペーストでも可
ニンニク……15g
グラナパターノチーズ（粉）……40g
白ワインビネガー……100cc
サラダ油……600cc
塩……15g
黒コショウ……適量

1. ニンニクは皮をむいておく。

2. ミキサーにサラダ油以外のすべての材料を入れて
   混ぜる。

3. 材料がよく混ざったら、ミキサーをまわしながら
   サラダ油を少しずつ入れていく。もったりしてき
   たら完成。

Antipasto freddo

トリュフ風味のポテサラ

みんな大好き。
トリュフ味がくせになる一皿。

[作りやすい分量]

じゃがいも……450g
茹で卵……1個
ケッパー（酢漬け）……20g
コルニッション
（小きゅうりのピクルス）……10g
イタリアンパセリ……適量
＊パセリでも可
ベーコン……2枚
マヨネーズ……150g
玉ねぎ……100g
トリュフオイル……10cc
＊市販のもの
塩、白コショウ……各適量

1. じゃがいもを洗い、鍋にじゃがいもが浸るくらいの水を入れ、塩をひとつまみ加え、火にかける。

2. 沸騰したら弱火で15分茹で、茹であがったら冷まして皮をむく。

3. 玉ねぎは薄くスライスして水にさらしておく。辛味が抜けたらよく絞って水気を切る。

4. 茹で卵は殻をむき、粗みじん切り。コルニッション、パセリ、ベーコン1枚も粗みじんに切る。

5. ボウルにじゃがいもを入れ、フォークなどで食べやすい大きさにくずし、ケッパー、みじん切りにしたコルニッション、パセリ、ベーコン、茹で卵を加え、さらにトリュフオイルとマヨネーズを入れてよく混ぜ合わせ、塩、白コショウで味を調える。

6. 残ったベーコンの両面をサッと香ばしく焼く。

7. 皿に5を盛り、6のベーコンを飾り、パセリを散らす。

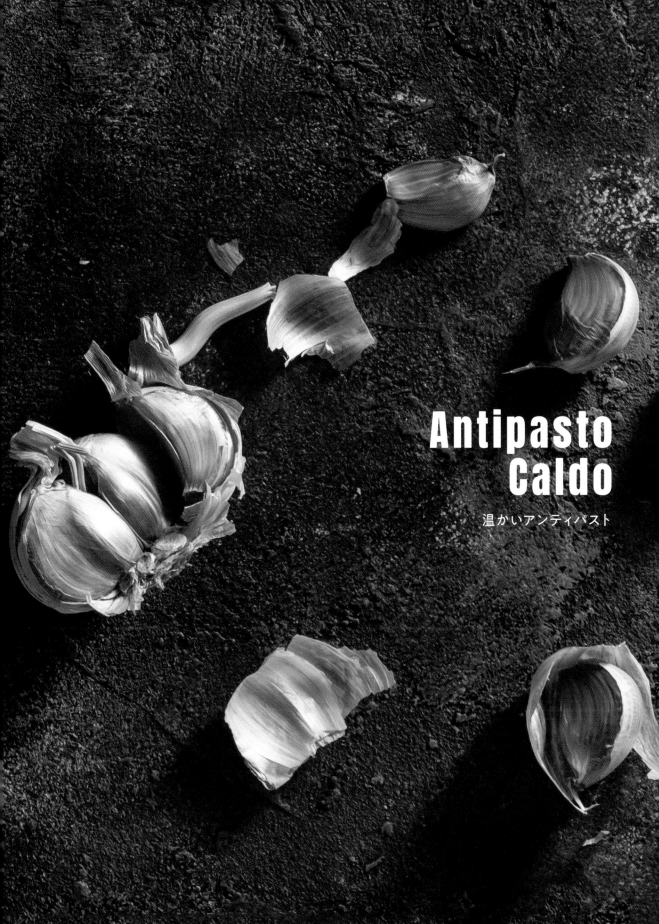

Antipasto
Caldo

温かいアンティパスト

Antipasto caldo

ヤリイカのボリート
プッタネスカ

アンチョビ、オリーブ、ケッパー、
鷹の爪のハーモニーがクセになる。

[2人分]

ヤリイカ……1杯
プッタネスカソース★……適量
イタリアンパセリ……適量
＊パセリでも可
EVオリーブオイル……適量

1. ヤリイカは掃除し、食べやすい大きさ
   に切る。イタリアンパセリはみじん切
   りにしておく。

2. 塩分濃度1%の湯を沸かし、ヤリイ
   カを茹でる。茹であがったらザルに
   あげて水気を切る。

3. 別の鍋でプッタネスカソースを弱火
   で温める。

4. 皿にイカを盛り、プッタネスカソー
   スをかけ、パセリ、EVオリーブオイ
   ルをかけて完成。

> マンジャペッシェの技

イカを茹でるコツは、沸騰した湯にイ
カを入れ、すぐに火を止めて少しおく
こと。こうすると、イカがプリッと茹
であがります。

★プッタネスカソース
（娼婦風）

[作りやすい分量]
オリーブ（塩漬け、スライス）……40g
ケッパー（酢漬け）……40g
ニンニク……10g
アンチョビ（フィレ）……30g
＊ペーストでも可
トマトソース……300cc
水……100cc
EVオリーブオイル……20cc
鷹の爪……1本

1. ニンニクはみじん切りに。鷹の爪は
   種を取りのぞく。

2. 鍋にニンニク、鷹の爪、EVオリーブ
   オイルを入れ、ケッパー、オリーブ、
   アンチョビを加えて中火で炒める。

3. アンチョビが溶けて香りが出て、ニン
   ニクが色づいてきたら、水とトマ
   トソースを入れてひと煮立ちさせる。

Antipasto caldo

真ダラの白子のロースト
アンチョビバターソース

鍋以外にも使える白子。
簡単にできるプロの味。

[2人分]

真ダラの白子……100g
塩……適量
薄力粉……適量
アンチョビバターソース★……適量
EVオリーブオイル……適量
かぶ……1個
パセリ……適量

1. 白子は食べやすい大きさに切り、軽く塩をしておく。かぶは皮をむかずに半分に切り、パセリはみじん切りにする。

2. 白子に薄く薄力粉をまぶす。

3. フライパンを熱し、油（材料外）を注ぎ、2の表面がカリカリになるまで焼く。あいている部分で、同時にかぶも焼き、軽く塩をふる。

4. アンチョビバターソースを弱火で温めて、パセリを入れる。

5. 皿に白子とかぶを盛りつけ、4をかける。

（ マンジャペッシェの技 ）

粉をまぶした白子は焦げやすいので火加減に気をつけて。また多めの油で焼くようにすると、焦げにくいです。アンチョビバターソースも弱火で温めないと、ソース内のニンニクが焦げやすいので注意。

★アンチョビバターソース

[作りやすい分量]

無塩バター……100g
アンチョビ（フィレ）……20g
＊ペーストでも可
ニンニク……10g
ケッパー（酢漬け）……20g

1. ニンニクとケッパーはそれぞれみじん切りにする。

2. 鍋に、無塩バターとアンチョビを入れ、火にかけ、アンチョビをフォークなどで崩しながら加熱する。

3. 全体が薄茶色になってきたら、ニンニク、ケッパーを入れて火を止める。

カキとエビのフリット

カリッと揚げるコツは、
粉と炭酸水1:1のフリット衣。

[2人分]
カキ（加熱用）……4尾
エビ……4本
炭酸水……適量
レモン……1/4個
塩……適量
タルタルソース★……適量

フリット衣
　[作りやすい分量]
　│ 薄力粉……240g
　│ コーンスターチ……80g
　│ ベーキングパウダー……16g

1. フリット衣の材料を混ぜる。

2. 1の適量をボウルに入れ、同量の炭酸水を加えてよく混ぜ、ヨーグルトぐらいの濃度にする。

3. エビは殻をむいて背ワタを取り、カキはよく洗い水気を切り、軽く塩をして下味をつけておく。

4. 揚げ油（材料外）を180℃に温め、3を2にくぐらせて揚げる。

5. カリッと揚がったら油を切り、軽く塩をして皿に盛り、レモンとタルタルソースを添える。

（ マンジャペッシェの技 ）

カキを選ぶときは加熱用がオススメ。生食用は洗いすぎて、旨みが弱くなっているものもあるからです。フリット衣を作るとき、粉と炭酸水の割合は1:1。フリットを揚げる目安は、衣がカリッとして食材がフワッと浮いてきたかどうか。不安なときは竹串をフリットの真ん中に刺し、串が熱くなっていたら大丈夫。

★タルタルソース

[作りやすい分量]
固茹で卵……1個
ケッパー（酢漬け）……10g
コルニッション
（小きゅうりのピクルス）……20g
玉ねぎ……20g
パセリ……適量
塩、白コショウ……各適量
マヨネーズ……100g

1. 玉ねぎはみじん切りにして水にさらし、辛みが抜けたらよく水気を絞る。

2. 茹で卵の殻をむいて粗みじん切りに、コルニッションも粗みじん切り、ケッパーやパセリはみじん切りにしておく。

3. すべての材料をボウルに入れてよく混ぜ、塩、白コショウで味を調える。

Antipasto caldo

フリッタータズッキーニ

イタリアンオムレツの代表格。
冷めてもおいしいナポリ料理。

[直径18cm]

ズッキーニ……200g
玉ねぎ……100g
塩……適量
EVオリーブオイル……適量
卵液
┃ 卵……3個
┃ グラナパダーノチーズ（粉）……20g
┃ 塩、黒コショウ……各適量

1. ズッキーニ、玉ねぎは5mmの厚さに切る。

2. 鍋にEVオリーブオイルを入れ中火で温め、1を入れて、中火でしんなりするまで炒め、軽く塩をする。粗熱を取っておく。

3. ボウルに卵を割り入れ、塩、黒コショウ、グラナパダーノチーズを入れてよく混ぜて卵液を作り、2を加えてさらによく混ぜる。

4. 焦げつかないフライパンにEVオリーブオイルを入れ、強火で温める。煙が出始めるまで温まったら、3を入れ、ヘラを使って底や周りに卵液がよくいきわたるようにしながら半熟のスクランブルエッグ状になるまで焼く。

5. 表面が固まり始めたら弱火にし、表面が平らになるように具をバランスよく置く。

6. フライパンに皿をかぶせ、皿ごとひっくり返して皿にのせ、そのままフライパンにスライドさせ、裏面を約2分焼く。

7. 好みの大きさにカットして、皿に盛る。

Antipasto caldo

じゃがいものフリコ

イタリア・フリウリ地方の伝統料理、
じゃがいもとチーズのおやき。

[2～3人分]

じゃがいも……300g
ミックスチーズ……150g
バター……20g

1. じゃがいもを1~2mmの厚さにスライスし、さら
   に5mm幅に切る。

2. フライパンにバターを入れ、弱火で溶かし、1を
   入れてじゃがいもに透明感が出てしんなりするま
   でよく炒める。

3. 2にチーズを加え、チーズが溶けるまでじゃがい
   もとチーズをヘラで押しつぶすようによく混ぜ合
   わせる。

4. チーズが溶けて、全体によくまとまるようになっ
   てきたら、ヘラで丸く成形し、焼き色をつける。
   裏返してもう片面もよく焼く。

Antipasto caldo

ミネストローネ

冷蔵庫の残り野菜で作る
水分少なめの食べるスープ。

[2人分]

玉ねぎ……60g
キャベツ……20g
大根……30g
にんじん……30g
しめじ……30g
バゲット……1切れ　＊食パンでもよい
水……500cc
ローリエ……1枚
EVオリーブオイル……適量
ニンニク（みじん切り）……2g
チキンブイヨン（顆粒）……2g
グラナパダーノチーズ（粉）……適量
塩、黒コショウ……各適量

1. バゲットをカリカリに焼いておく。

2. 野菜類はすべて約1cm角に、しめじは約1cmの長さに切る。

3. 鍋にニンニクとEVオリーブオイルを入れて火にかける。

4. ニンニクのいい香りが出てきたら2を全部入れ、中火で炒める。

5. 鍋の底が焦げ始めたら、水とチキンブイヨン、ローリエを加えて沸騰させる。

6. アクを丁寧にすくい、1をちぎって加え、弱火で約20分煮る。

7. 塩で味を調え、皿に盛ってからEVオリーブオイル、黒コショウ、グラナパダーノチーズをかける。

もつ煮

トリッパのトマト煮を
手に入りやすい材料で。

[作りやすい分量]

もつ（ボイル）……300g
トマト缶……100g
玉ねぎ……50g
にんじん……30g
セロリ……30g
ごぼう……100g
ニンニク……10g
一味唐辛子……適量
チキンブイヨン（顆粒）……5g
水……200cc
白ワイン……25cc
ローリエ……1枚
EVオリーブオイル……適量
塩、黒コショウ……各適量
パセリ（みじん切り）……適量

1. ニンニク、玉ねぎ、セロリ、にんじんはそれぞれ
   みじん切りに、ごぼうは約5mm程度の斜め切り
   にする。

2. 鍋にニンニクとEVオリーブオイルを入れて火を
   つけ、弱火でニンニクの香りが出るまで炒める。

3. 2に玉ねぎ、セロリ、にんじんを加え、しんなりし
   て玉ねぎの表面が透き通るまで炒める。

4. 3にもつとごぼうを入れ、塩をして中火で軽く炒
   める。

5. 4に白ワインを加えて、さらに炒め、アルコール
   分を飛ばす。

6. 5に水、チキンブイヨン、トマト缶、ローリエを加
   えて加熱し、沸騰したら、弱火にして、アクを取
   りながらもつがやわらかくなるまで煮込む。

7. 最後に一味唐辛子、塩と黒コショウで味を調え、
   パセリを散らす。

(マンジャペッシェの技)

もつは牛でも豚でもOK。もつを煮込むときは、焦げ
ないように火加減に気をつけましょう。

Antipasto caldo

トリュフ風味のフライドポテト

カリッと揚げるコツは、
火を止める前に強火にすること。

[2人分]
じゃがいも（男爵）……200g
フライドポテトの粉
　片栗粉……20g
　チキンブイヨン（顆粒）……2g
　黒コショウ……0.5g
　グラナパダーノチーズ（粉）……6g
トリュフオイル……適量　＊市販のもの
塩……適量
パルミジャーノチーズ（固まり）……適量

1. 片栗粉、チキンブイヨン、黒コショウ、グラナパダーノチーズをボウルの中でよく混ぜて、フライドポテトの粉を作る。

2. じゃがいもは皮つきのままよく洗い、1cmの短冊に切り、水が澄むまで流水にさらす。

3. 2の水気をよく切り、1の粉をからめて、180℃の油（材料外）で、くっつかないようにほぐしながらカリッと揚げる。

4. 3の油をよく切り、ボウルに入れて塩をふり、トリュフオイルをひと回しかけてからめる。

5. 皿に盛り、パルミジャーノチーズをピーラーで削りながらかける。

（ マンジャペッシェの技 ）

じゃがいもはキタアカリという品種がオススメです。フライドポテト用の粉はまとめて作り、冷蔵庫で保存しておくと便利です。また、短冊に切ったじゃがいもは水にさらすことででんぷんが取れて、カリッと仕上がります。

Antipasto caldo

たけのことエビのソテー
香草バター風味

最後に香草バターを加えるだけで、
仕上がりがグレードアップ。

[2人分]

たけのこ水煮……150g
エビ……8尾
ブールブルギニョン
（香草バター）★……20g
EVオリーブオイル……適量
塩……適量

1. エビは尻尾を残して殻をむき、背ワタを取りのぞく。

2. たけのこは食べやすい大きさに切る。

3. フライパンにEVオリーブオイルを入れ、エビとたけのこを香ばしく炒め、塩で味を調える。

4. 3にブールブルギニョンを加え、さらに香ばしく炒めて完成。

(マンジャペッシェの技)

たけのこの季節であれば、ぜひ生のたけのこで作ってみてください。ブールブルギニョンを入れて炒めすぎると、バターも、バターの中のニンニクも焦げてしまうので注意しましょう。

★ブールブルギニョン（香草バター）

[作りやすい分量]

無塩バター……400g
ミックスナッツ……30g
ニンニク……5g
パセリ……5g
レモン汁……20cc

1. ミックスナッツ、ニンニク、パセリをみじん切りにする。

2. バターは常温で、指でつぶれるくらいのやわらかさにする。

3. ボウルに2と他の全材料を入れ、よく混ぜ合わす。

4. ラップ材を貼った容器に入れて冷やし固める。

Antipasto caldo

かぶとパルメザンチーズのサラダ

焼いたかぶとチーズ、
甘みと塩みの絶妙なバランス。

[2人分]

かぶ……2個
かぶの葉……適量
パンチェッタ（短冊切り）……40g
ニンニク（みじん切り）…5g
グラナパダーノチーズ（粉）……10g
塩、黒コショウ……各適量
EV オリーブオイル……適量

1. かぶは皮をつけたまま1/8のくし切りに、葉は小口切りにする。

2. 鍋にEV オリーブオイル、パンチェッタ、ニンニクを入れ、弱火で加熱する。

3. パンチェッタがカリッとしてきたら、かぶを入れ、軽く塩をして炒める。

4. かぶの表面が透き通ってきたら火を止め、かぶの葉と半量のグラナパダーノチーズを加え、混ぜ合わせる。

5. 皿に盛り、残りのグラナパダーノチーズ、黒コショウ、EV オリーブオイルをかける。

ホワイトアスパラのミラネーゼ

半熟卵、焦がしバター、チーズ、
濃厚な旨みの三重奏が圧巻！

[2〜3人分]

ホワイトアスパラガス……3本
＊グリーンアスパラガスでも可
EVオリーブオイル……適量
バター……30g
卵……1個
グラナパダーノチーズ（粉）……適量
塩、黒コショウ……各適量

1. ホワイトアスパラガスの根元2cmくらいを包丁
   で切り落とし、穂先の下から根元までピーラーで
   皮をむく。

2. フライパンを熱し、EVオリーブオイルを入れた
   ら、弱火で1に軽く塩をして焼く。

3. 2を5分焼いたら、裏返して軽く塩をして、弱火で
   3分ほど焼く。

4. 3が焼けたら皿に盛りつける。

5. 3のフライパンにバターを入れ、中火で焦がしバ
   ターを作る。

6. 別のフライパンで半熟の目玉焼きを作っておく。
   4に5をまわしかけ、目玉焼きをのせる。

7. 仕上げにグラナパダーノチーズ、黒コショウ、EV
   オリーブオイルをかける。

(マンジャペッシェの技)

ホワイトアスパラガスの皮は固いので皮をむきますが、
グリーンアスパラガスなら、むかなくても大丈夫です。
アスパラガスの焼き具合は、串をさしてスッと入るか
どうかで確認できます。焦がしバターを作るときの焦
がしの目安は、バターから出てきた泡が薄い焦げ茶色
になったときが火を止める合図です。

Antipasto caldo

トルティージャ

スペインバルの定番レシピ、
厚焼きオムレツを簡単に。

[直径18cmの丸型]

じゃがいも……150g
玉ねぎ……100g
EVオリーブオイル……30cc
塩……適量
卵液
　卵……3個
　塩……適量
　グラナパダーノチーズ（粉）……20g
　黒コショウ……適量

1. じゃがいもの皮はむき5mmのいちょう切りに、玉ねぎは5mmの薄切りにする。

2. 鍋にEVオリーブオイルを入れて中火で温め、オイルがよく温まったら、1を加え、軽く塩をして焦げないように弱火で炒める。

3. じゃがいもがやわらかくなったら鍋から出し、粗熱を取っておく。

4. ボウルに卵を割り入れ、塩、グラナパダーノチーズ、黒コショウを入れてよく混ぜる。

5. 4に3を入れてよく混ぜる。

6. 焦げつかないフライパンにEVオリーブオイルをやや多めに入れ、強火で温める。煙が出始めるまで温まったら、5を入れ、ヘラを使って底や周りに卵液がよくいきわたるようにしながら半熟のスクランブルエッグ状になるまで焼く。

7. 表面が固まり始めたら弱火にし、表面が平らになるように具をバランスよく置く。

8. フライパンに皿をかぶせ、皿ごとひっくり返して皿にのせ、そのままフライパンにスライドさせ、裏面を約2分焼く。

9. 好みの大きさにカットして、皿に盛る。

Antipasto caldo

貝類の白ワイン蒸し

貝の旨みが凝縮。
バゲットで汁も残さず味わう。

[2人分]

季節の貝類……適宜
（今回はアサリ6個、ムール貝4個、ホタテの稚貝4枚を使用）
レモン……1/8個
イタリアンパセリ……適量
＊パセリでも可
白ワイン……20cc
ニンニク……5g
EVオリーブオイル……適量

1. 貝類はよく砂抜きし、しっかり洗う。

2. ニンニク、パセリをみじん切りに、レモンは櫛形
   に切る。

3. 鍋にニンニクとEVオリーブオイルを入れ、弱火
   でニンニクの香りが出るまで炒める。

4. ニンニクがきつね色になったら1を入れ、白ワイ
   ンを加え、蓋をして弱火で蒸す。

5. 深めの皿に盛り、EVオリーブオイルをかけ、パセ
   リを散らし、レモンを添える。

(マンジャペッシェの技)

貝類を蒸すとき、途中で水分が少ないようなら水を足
しましょう。好みで、カリカリに焼いたバゲットを添
えて、スープに浸しながら食べるとおいしいです。

カリフラワーとカニのサラダ

"素揚げ"のひと手間を加える。
これだけでおいしさが格段にアップ。

[2人分]

カリフラワー……1/2個
カニ缶（フレーク）……50g
スモークチーズ……30g
レモン汁……8滴
ニンニクオイル……2〜3滴
（作り方はp032を参照）
塩……適量
EVオリーブオイル……適量
カレーパウダー……適量

1. カリフラワーを食べやすい大きさに切る。スモークチーズはポロポロになるよう手でちぎっておく。

2. 170℃の油（材料外）でカリフラワーを軽く色づくまで素揚げし、軽く塩をふる。

3. ボウルにカリフラワー、スモークチーズ、軽く水分を切ったカニ缶のフレークを入れ、ニンニクオイル、レモン汁、EVオリーブオイル、塩を入れ、味を調える。

4. 3を皿に盛り、カレーパウダーを少量かけて完成。

（ マンジャペッシェの技 ）

ニンニクオイルがなければ、ニンニクのみじん切りをほんのり香るくらいの量（耳かき約1/2）で代用できます。カリフラワーを揚げる目安は約1分。

Antipasto caldo

桜エビと海苔のゼッポリ

ナポリの名物おつまみ。
ピザ生地のモチモチ感が特徴。

[作りやすい分量]

生海苔…… 15g
強力粉…… 80g
インスタントドライイースト…… 3g
水…… 60cc
塩…… 1g
釜揚げ桜エビ…… 30g

1. 桜エビ以外のすべての材料をボウルに入れて、粉っぽさがなくなるまでよく混ぜる。

2. 桜エビを入れてさらに混ぜる。

3. 2にラップ材をして、40分常温で発酵させる。約2倍量になるまでおく。

4. スプーンを2つ使って成形しながら、170℃の油（材料外）で揚げる。

5. 表面がふっくらして浮いてきたら油を切って皿に盛り、軽く塩（分量外）をふる。

マンジャペッシェの技

生海苔がなければ、乾燥海苔で代用できます。半分の分量を少量の水でふやかして使います。釜揚げ桜エビが手に入らなければ、乾燥の桜エビやシラスで代用を。生地をよく練ることがモチモチに仕上げるコツです。

Antipasto caldo

スルメイカでアフォガート

ナポリの名物料理、
"溺れダコ"のイカ版。

[作りやすい分量]

スルメイカ……1杯
玉ねぎ……60g
セロリ……60g
ニンニク……5g
トマト缶……100g
白ワイン……50cc
水……50cc
チキンブイヨン（顆粒）……2g
ローリエ……1枚
塩……適量
アイヨリソース★……適量
EVオリーブオイル……適量
レモン……1/8個

1. スルメイカは掃除して、食べやすい大きさに切る。玉ねぎ、セロリ、ニンニクはみじん切りに。

2. 鍋にEVオリーブオイル、1のニンニク、玉ねぎ、セロリを入れ、玉ねぎの表面が透き通るまでよく炒める。

3. 別のフライパンを熱し、EVオリーブオイルを入れ、イカを加えて軽く塩をして香ばしく炒める。

4. 3に白ワインを加えフライパンについた焦げもきれいに取る。

5. 2に4と水、トマト缶、ローリエ、チキンブイヨンを入れて中火にかける。イカが溺れている（アフォガート）状態で、弱火で30分煮込む。

6. イカがやわらかくなったら、少し煮詰めてとろみをつける。塩で味を調え、レモンとアイヨリソースを添える。

★アイヨリソース

[作りやすい分量]

マヨネーズ……100g
レモン汁……1cc
ニンニク（擦りおろし）……3g

マヨネーズにレモン汁を加えて混ぜ、
ニンニクを入れてさらによく混ぜる。

Pasta fresca

イタリアではパスタやソースなどを
各家庭で手作りするのが一般的。
店でも出来るだけ自家製にこだわっています。
出来たてのおいしさをぜひ、味わってください。

Conchiglie
コンキリエ

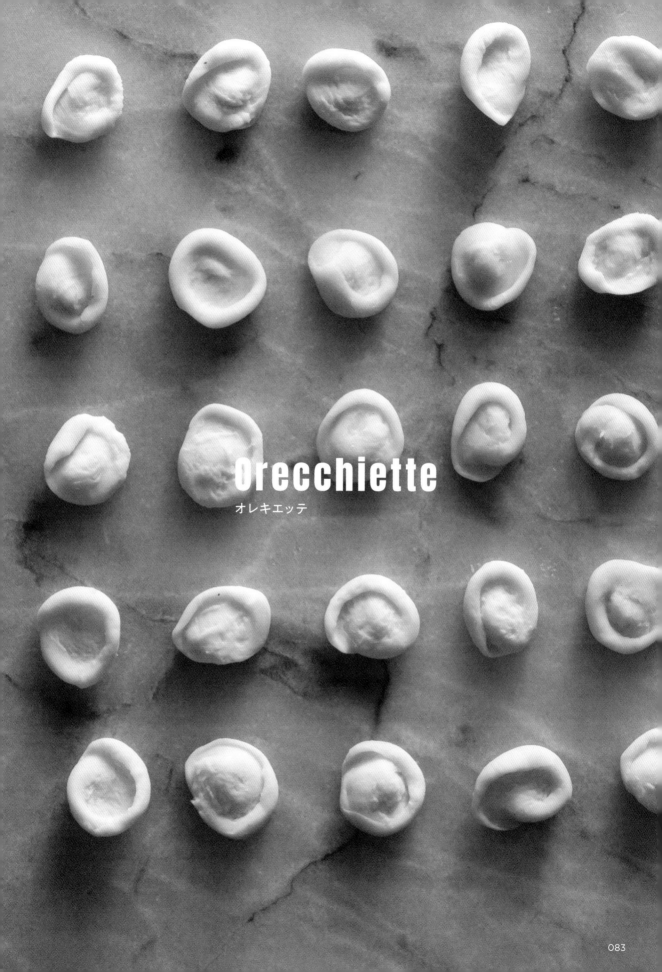

Orecchiette

オレキエッテ

自家製生パスタ

基本のパスタ生地を作る

[作りやすい分量]

強力粉……500g
塩……4g
水……200cc
EVオリーブオイル……50cc

1. ボウルに強力粉、水、EVオリーブオイル、塩を入れ、よく混ぜて、表面がなめらかになるまでよく練る。

2. 生地がツルッとしたら、ラップ材をして、冷蔵庫で1時間ほど休ませる。

3. まな板に打ち粉（分量外）をしたら、少量を手に取り、両手で麺棒を転がすように棒状にする。包丁で約1cmの長さに切る。

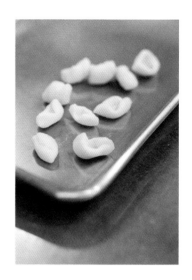

コンキリエ

貝殻型の内側に具が入り、
ソースとよくからむ。

まな板の上で親指で押さえつけ、両端を指でつまんで前後
にずらす。貝殻の形になったらフォークの背で筋をつけ、
クッキングシートの上にバラバラに離して置いて乾かす。
冷凍保存も可能。

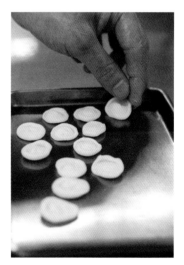

オレキエッテ

小さな耳たぶのようなパスタ、
モチモチした食感がクセに。

まな板の上で親指で押しつぶしながら、円を描くように回
して、開いた傘のような形にする。傘をひっくり返して耳
たぶのような形になったら完成。クッキングシートの上に
バラバラに離して置いて乾かす。冷凍保存も可能。

Gnocchi
ニョッキ

自家製生パスタ

ニョッキを作る

[作りやすい分量]

じゃがいも
（茹でて皮をむいた状態）……300g
薄力粉……100g
塩……適量
卵……1個

1. じゃがいもは、塩を入れた水で、丸ごと皮つきのまま茹でる。串がスッと入るくらいまでやわらかく茹でる。

2. 1の皮をむいて適当な大きさに切ったら、ザルに入れて、スプーンで押し出すようにしながら漉す。

3. 大きめのボウルに、2と塩をひとつまみ、ふるった薄力粉を加えて、カード（またはヘラ）で、切るように混ぜる。

4. 薄力粉とじゃがいもが軽く混ざったら、卵を溶き入れ、同様にカード（またはヘラ）で混ぜる。

5. 均等に混ざったら、ひとまとめにする。

6. まな板に打ち粉をし、手で延ばして棒状にまとめる。

7. 包丁で2cmくらいの長さに切り、フォークの上で転がすようにしながら成形する。冷凍可能も可能。

Primo Piatto

パスタ・リゾット

カキと春菊のペペロンチーノ

スパゲッティ アッラ プッタネスカ

カキと春菊のペペロンチーノ

カキとニンニク、唐辛子の
最強の組み合わせが絶品！

[1〜2人分]

カキ（加熱用）……大きめ6個
ニンニク……5g
唐辛子……1本
アンチョビ（フィレ）……5g
＊ペーストでも可
春菊……30g
水……120cc
EVオリーブオイル……適量
塩……適量
スパゲッティ……100g

1. カキはよく洗い、水気を切り、軽く塩をふる。ニンニクはみじん切り、唐辛子は種を取りのぞいておく。春菊は茎の部分は5mmの長さに切り、葉の部分は3cmの長さに切る。

2. フライパンにEVオリーブオイルを入れ、中火で温めてカキを入れ、両面を香ばしく焼く。そこにニンニク、唐辛子、アンチョビを加え、ニンニクがきつね色になるまで炒め、水を加えてひと煮立ちさせてソースが完成。

3. 塩分濃度1％の湯を沸かし、スパゲッティを茹でる。

4. スパゲッティが茹であがったら水気をよく切り、2のソースと和える。中火で混ぜ合わせ、途中で水分が少なくなったら、EVオリーブオイルと春菊の茎も葉も加え、ソースがクリーミーになるまで乳化（マンテカーレ）させる。

5. 塩で味を調える。

（マンジャペッシェの技）

当店ではよくマンテカーレ（mantecare）というテクニックを使います。マンテカーレとは、水分と油分を力強く混ぜ合わせることで、分離していた水と油が一緒に混ざり合い、白っぽく乳化してクリーミーな状態になること。オリーブオイルを使うことが多いイタリア料理には欠かせない技です。

スパゲッティ アッラ プッタネスカ

アンチョビ、オリーブ、ケッパーを
使ったナポリの名物パスタ。

[1～2人分]

プッタネスカソース……150g
(作り方はP055を参照)
水……120cc
ニンニク……5g
唐辛子……1本
イタリアンパセリ……適量
＊パセリでも可
スパゲッティ……100g
塩……適量
EVオリーブオイル……適量

1. ニンニクはみじん切り、パセリは粗みじん切り、唐辛子は種を取りのぞく。

2. フライパンにEVオリーブオイル、ニンニク、唐辛子を入れて、弱火でニンニクがきつね色になるまで炒め、水とプッタネスカソースを加えて、ひと煮立ちさせる。

3. 塩分濃度1％の湯を沸かし、スパゲッティを茹でる。

4. 2に水気をよく切った3を入れ、中火でよく混ぜ、パセリ、EVオリーブオイルを加え、よくかき混ぜて、乳化（マンテカーレ）させる。

5. 塩で味を調える。

カルボナーラ

シラスとブロッコリーのプリエーゼ
手打ちオレキエッテ

カルボナーラ

トロ火で卵液をかき混ぜ続け、
なめらかさとコクを引き出す。

[1〜2人分]

パンチェッタ（短冊切り）……30g
ニンニク……2g
白ワイン……5cc
全卵……1個
卵黄……1個分
生クリーム……20cc
グラナパダーノチーズ（粉）……30g
チキンブイヨン……1g
水……50cc
塩、黒コショウ……各適量
スパゲッティ……100g

1. ボウルに卵黄、全卵、生クリームとグラナパダーノチーズを入れてよく混ぜる。

2. ニンニクをみじん切りにする。

3. フライパンにパンチェッタを入れ、弱火で炒める。脂を出すようにゆっくりとカリカリに炒め、2を加えてさらに炒める。

4. ニンニクの香りが出て、表面がきつね色になったら、白ワインを入れてアルコール分を飛ばす。さらに水とチキンブイヨンを加え、ひと煮立ちさせ、火を止める。

5. 塩分濃度1％の湯を沸かし、スパゲッティを茹でる。

6. 茹で上がったスパゲッティは水気をよく切り、4に入れて混ぜ合わせる。

7. 6に1の卵液を入れてよく混ぜ合わせたら、フライパンを火にかけ、弱火で底のソースとパスタをよく混ぜながら、加熱する。

8. ソースがトロッとしたら、塩で味を調え、皿に盛り、黒コショウをかける。

（ マンジャペッシェの技 ）

卵液がダマにならないように、極弱火で加熱します。時々、火からはずして混ぜると失敗が少ないです。

シラスとブロッコリーのプリエーゼ
手打ちオレキエッテ

プーリアの名物パスタを
釜揚げシラスでアレンジ。

[1～2人分]

ブロッコリー……80g
釜揚げシラス……40g
ニンニク……5g
アンチョビ（フィレ）……5g
＊ペーストでも可
唐辛子……1本
水……150cc
カリカリパン粉★……適量
オレキエッテ…80g
（作り方はp085を参照）
EVオリーブオイル…適量

1. ニンニクはみじん切り、ブロッコリーは2cmくらいの小さい房に切りわけ、唐辛子は種を取りのぞいておく。

2. ソースを作る。フライパンにEVオリーブオイル、ニンニク、唐辛子、アンチョビを入れ、アンチョビが溶けるまで弱火で香ばしく炒める。

3. 2に水、シラスを入れてひと煮立ちさせる。

4. 塩分濃度1％の湯を沸かし、オレキエッテを8分茹でる。

5. 3分後に4にブロッコリーを入れ、オレキエッテとともに残り時間で茹でる。

6. 茹であがった5をザルにあげ、よく水を切り、3のソースに合わせる。

7. 6を中火にかけ、ブロッコリーをヘラで潰しながらからめていく。水分が少なくなってきたらEVオリーブオイルを入れてトロッとするまで乳化（マンテカーレ）させる。

8. 塩で味を調え、皿に盛りつけてカリカリパン粉をかける。

（ マンジャペッシェの技 ）

プリエーゼとはプーリア風という意味で、チーマディラーバという野菜とアンチョビのパスタが有名です。当店ではブロッコリーで代用。シラスもプラスしてマンジャペッシェらしいレシピにしています。

★カリカリパン粉

[作りやすい分量]

パン粉……30g
アンチョビ（フィレ）……10g
＊ペーストでも可
EVオリーブオイル……20cc

1. フライパンにEVオリーブオイル、パン粉、アンチョビを入れる。

2. 1を弱火で、アンチョビをつぶすように炒める。火が強すぎると焦げやすいので注意。

3. パン粉がきつね色になったら完成。

アユとおかひじきの
アーリオ オーリオ

自家製サルシッチャと
なすのアラビアータペンネ

アユとおかひじきの
アーリオ オーリオ

ほろりとしたアユの苦みと
ニンニクのマリアージュ。

[1〜2人分]

アユ（大）……1尾
おかひじき……20g
ニンニク……5g
ケッパー（酢漬け）……5g
ミックスナッツ……5g
アンチョビ（フィレ）……5g
＊ペーストでも可
水……120cc
EVオリーブオイル……適量
塩……適量
スパゲッティーニ（細麺）……100 g

1. アユはウロコを取り、3枚におろして腹骨を取りのぞく。ニンニクはみじん切りに、ケッパー、ミックスナッツは粗みじん切りに。

2. アユの切り身に塩をして、しばらく置く。おかひじきの太い茎は取りのぞく。

3. フライパンを熱し、EVオリーブオイルを入れ、アユを加えて皮目を香ばしく焼く。

4. アユに火が入ったら、取り出して食べやすい大きさに切る。

5. 別のフライパンにニンニクとEVオリーブオイルを入れ弱火にかける。ニンニクの香りが出てきたらアンチョビ、ケッパー、ナッツを入れて炒め、ニンニクがきつね色になったら、水を加えてひと煮立ちさせる。

6. 5のソースが沸いたところに、おかひじきを入れて混ざったら火を止める。

7. 塩分濃度1％の湯を沸かし、スパゲッティーニを茹でる。

8. スパゲッティーニが茹であがったら、水気をよく切り、6のソースと和えながら中火で混ぜ合わせていく。水分が少なくなったら、EVオリーブオイルを入れ、ソースがトロッとするように乳化（マンテカーレ）させる。

9. 塩で味を調える。

（ マンジャペッシェの技 ）

パスタは1.4mmくらいの細麺（スパゲッティーニ）の方がソースとの相性がよいです。アユにふる塩の量は、焼いてそのまま食べるのにちょうどよい加減に。また焼くときは、中火でアユを動かさないようにすると、カリッと香ばしく、パスタと和えたときもコクのある味になります。

自家製サルシッチャと
なすのペンネアラビアータ

なすを揚げるひと手間で、
旨みが増幅する絶品パスタ。

[1～2人分]

サルシッチャ（生）★……80g
白ワイン……20cc
ニンニク……5g
トマトソース……80cc
（作り方はp169を参照）
なす……1本
塩、一味唐辛子……各適量
パセリ……適量
EVオリーブオイル……適量
水……50cc
ペンネ……50g

1. なすは1cmの半月切りにし、180℃の油（材料外）できつね色に揚げ、塩をしておく。

2. ニンニクはみじん切りに、パセリは粗みじん切りにする。

3. 熱したフライパンにEVオリーブオイルを入れ、サルシッチャをちぎりながら加え、焼くように炒める。

4. 3の余分な脂を捨て、そこにニンニクみじん切りを入れ、きつね色になるまで炒める。白ワインを加え、アルコール分を飛ばす。

5. 4に水、トマトソース、1のなす、一味唐辛子を入れ、ひと煮立ちさせる。

6. 塩分濃度1％の湯を沸かし、ペンネを茹でる。

7. 5に水気をよく切ったペンネを入れ、中火にかける。よく混ぜながらEVオリーブオイルとパセリを加え、さらによく混ぜ、ソースを乳化（マンテカーレ）させる。

8. 塩で味を調える。

（ マンジャペッシェの技 ）

サルシッチャとは、イタリア語でソーセージのこと。材料を冷たいまま混ぜるのは、肉の温度が上昇すると脂分が溶けてしまい、肉同士の繋がる力が弱くなり、口当たりが悪くなるため。

★自家製サルシッチャ
（腸詰めしないソーセージ）

[作りやすい分量]

豚ひき肉（粗びき）……500g
卵……1個
ニンニク……10g
塩……6.5g
黒コショウ……1.5g
フェンネルシード……1g
ナツメグ……少々
ローズマリー（生）……3g
＊生がなければ、乾燥で代用する。
その場合は、生の1/2量で。

白ワイン……50cc

1. ニンニク、ローズマリーをみじん切りにする。

2. すべての材料を冷蔵庫に入れ、冷たい状態でボウルに入れ、手でよく混ぜる。

3. さらに粘りが出るくらいまで、よく混ぜる。

4. 冷蔵庫で半日休ませて味を馴染ませる。

チェリートマトとバジリコのトマトソース

サンマと青唐辛子とクレソンのペペロンチーノ

Primo Piatto

チェリートマトとバジリコのトマトソース

フレッシュトマトで作る、
程よい酸味が病みつきに。

[1〜2人分]

チェリートマト……10個
ニンニク……5g
水……90cc
EVオリーブオイル……適量
塩……適量
唐辛子……1本
バジル……3枚
スパゲッティ……100g

1. チェリートマトは1/2に切る。ニンニクはみじん切り、唐辛子は種を取りのぞく。バジルは2cm四方くらいの大きさにちぎっておく。

2. フライパンにEVオリーブオイル、ニンニク、唐辛子を入れ、弱火でニンニクの香りが出て、表面がきつね色になったら、チェリートマトを入れて、塩ひとつまみを加え、中火で香ばしく炒める。

3. トマトに火が通り、よい香りがしてきたら水を入れて、ひと煮立ちさせる。

4. 塩分濃度1％の湯を沸かし、スパゲッティを茹でる。

5. 3に水気をよく切ったスパゲッティを入れ、中火でよく混ぜ、バジル、EVオリーブオイルを加えて、乳化（マンテカーレ）させる。

6. 塩で味を調える。

サンマと青唐辛子とクレソンの
ペペロンチーノ

サンマのほろ苦とピリ辛野菜の
絶妙な味のハーモニー。

[1〜2人分]

サンマ……1尾
青唐辛子……1/4本
アンチョビ（フィレ）……5g
＊ペーストでも可
ニンニク……5g
クレソン……1束
水……120cc
EVオリーブオイル……適量
塩……適量
スパゲッティ……100g

1. サンマはウロコを取り、3枚におろして骨を取りのぞく。

2. ニンニクはみじん切りに、青唐辛子は薄くスライスする。クレソンは茎の部分は5mmの長さに、葉の部分は3cmに切っておく。

3. 1に塩をして、しばらく置く。

4. フライパンを熱し、EVオリーブオイルを入れ、サンマを入れて皮目を香ばしく焼く。

5. サンマに火が入ったら取り出し、食べやすい大きさに切る。

6. 別のフライパンにEVオリーブオイル、ニンニク、青唐辛子、アンチョビを入れて火にかける。

7. ニンニクの香りが出て、表面がきつね色になり、アンチョビが溶けたら、サンマと水を入れて、ひと煮立ちさせ、火を止める。

8. 塩分濃度1％の湯を沸かし、スパゲッティを茹でる。

9. 茹であがったスパゲッティは水気をよく切り、7のソースとよく混ざるように中火で炒めていく。水分が少なくなったらEVオリーブオイルとクレソンを入れ、ソースがトロッとするまで乳化（マンテカーレ）させる。

10. 塩で味を調える。

（ マンジャベッシェの技 ）

青唐辛子の辛さには個体差があるので、好みで選んでください。サンマの腹側の骨が気になるようなら、骨抜きで抜きます。骨抜きがなかったら、骨の両サイドに包丁を入れて切り落としておきます。

瀬戸内レモンのフェットチーネ

アサリとタラコのアーリオ オーリオ

瀬戸内レモンのフェットチーネ

レモンとバターだけの
風味抜群さっぱりパスタ。

[1〜2人分]
レモン……1個
バター……30g
グラナパダーノチーズ（粉）……20g
水……120cc
フェットチーネ……120g
塩……適量

1. レモンは皮を削って使うのでよく洗っておく。果肉は絞っておく。

2. 鍋にバター、水を入れ、中火にかけバターを溶かし混ぜ合わせる。バターと水が混ざったら、グラナパダーノチーズを入れてよく混ぜ合わせ、火を止めてレモン汁を入れる。

3. 塩分濃度1％の湯を沸かし、フェットチーネを茹でる。

4. 2に水気をよく切った3を入れ、中火でソースと和え、とろみが出るまでよく混ぜ合わせる。

5. 塩で味を調え、皿に盛ってレモンの皮を削りかける。

アサリとタラコの
アーリオ オーリオ

タラコのパウダーが
ニンニク風味のソースにぴったり。

[1〜2人分]

アサリ……300g
水……120cc
タラコ……40g
イタリアンパセリ……適量
＊パセリでも可
ニンニク……10g
EVオリーブオイル……大さじ1
スパゲッティ……100g

1. タラコはラップ材をかけずにレンジで加熱し、冷めたら裏ごしをしてパウダーにしておく。

2. ニンニクはみじん切り、パセリは粗みじん切りに、アサリは砂抜きしてよく洗う。

3. 塩分濃度1%の湯を沸かし、スパゲッティを茹でる。

4. フライパンにEVオリーブオイル（分量外）、ニンニクを入れて弱火で炒め香りを引き出す。ニンニクがきつね色になったら、アサリと水を入れ、蓋をしてアサリの口が開くまで加熱する。

5. 4に茹であがった3を入れ、中火で混ぜ合わせ、フライパンを傾けて汁が大さじ2杯分くらいになるまでスパゲッティに汁をからめながら混ぜる。

6. EVオリーブオイルとパセリを加え、汁とオイルが混ざり、乳化（マンテカーレ）してクリーミーになるまで混ぜ合わす。

7. 皿に盛り、1をふりかける。

（ マンジャペッシェの技 ）

パスタを茹でるときは、表示時間の約1分前にあげるようにすると、歯ごたえのあるアルデンテに。アーリオ オーリオとは、ニンニクとオリーブオイルという意味ですが、好みでペペロンチーノ（唐辛子）を入れてもおいしいです。イタリアでよく使われるボッタルガ（カラスミ）の代わりに、簡単に手に入るタラコで作っています。

鶏とほうれん草のトルテッリ
バターとチーズのソース

きのこのリゾット

鶏とほうれん草のトルテッリ
バターとチーズのソース

市販の皮を使えば簡単！
プロ級パスタをご家庭で。

[1〜2人分]

鶏もも肉（ひき肉）……150g
ほうれん草……50g
豆腐（木綿）……50g
グラナパダーノチーズ（粉）……20g
玉ねぎ……20g
ニンニク……1g
塩……2g
黒コショウ、ナツメグ……各少々
餃子の皮（大判厚め）……30枚
バター……20g
水……100cc
塩……適量
EVオリーブオイル……適量

1. 玉ねぎ、ニンニクはみじん切り、豆腐は重しをして、水気をしっかり切っておく。ほうれん草は1cmの長さに切る。

2. 鍋にニンニク、EVオリーブオイルを入れて香りを出す。玉ねぎとほうれん草を入れ、しんなりするまで炒めたら、粗熱を取っておく。

3. ボウルに鶏もも肉と2、さらに豆腐、グラナパダーノチーズ10g、黒コショウ、ナツメグ、塩をひとつまみ入れ、よく練る。

4. 3を餃子の皮に詰める。

5. 鍋にバター、水、塩ひとつまみを入れて弱火にかける。バターが溶けて水と混ざったらそこにグラナパダーノチーズ10gを入れて混ぜ合わせ、乳化（マンテカーレ）させる。

6. 塩分濃度1％の湯で4を中火で6分茹でる。

7. 茹であがったら水気を切り、5に入れてよくソースをからめ、塩で味を調える。

8. 皿に膨らんでいる面を上にして盛り、グラナパダーノチーズ（分量外）、黒コショウをかける。

（ マンジャペッシェの技 ）

トルテッリを茹でるときは、パスタが少し躍るくらいの中火で。火が強すぎるとトルテッリが破けやすくなります。

きのこのリゾット

数種類のきのこを炊いた、
旨みたっぷりリゾット。

[1〜2人分]

しめじ……20g
マッシュルーム……20g
舞たけ……20g
しいたけ……20g
バター……20g
グラナパダーノチーズ (粉) ……10g
チキンブイヨン (顆粒) ……2g
EVオリーブオイル……適量
水……350cc
イタリアンパセリ……適量
＊パセリでも可
米……60g
塩、コショウ……各適量

1. きのこ類を食べやすい大きさに切る。

2. 鍋に入れたEVオリーブオイルがよく温まったら、きのこ類を入れて塩をして、香ばしく炒める。

3. 2に水とチキンブイヨンを加え、中火で加熱する。

4. 3が沸騰したら、米を洗わずに入れて弱火でコトコト12分炊く。バター、グラナパダーノチーズを入れてよく混ぜ合わせ、トロッとさせる。

5 塩、コショウで味を調え、皿に盛ってからパセリの粗みじん切りを散らす。

　＊リゾットは蓋をしないで炊きます。水分の減り具合いを見ながら、足りなくなったら水を足し、水分を切らさないように炊くのが基本です。

(マンジャペッシェの技)

米に芯は残っていて、水分の少ないおかゆのような感じに仕上げます。

113

干ししいたけのボロネーゼ

シジミとわかめと
チェリートマトのリゾット

干ししいたけのボロネーゼ

乾燥ポルチーニの代わりに
干ししいたけで作るミートソース。

[1～2人分]
干ししいたけのボロネーゼソース★……150g
バター……30g
水……120cc
スパゲッティ……100g
グラナパダーノチーズ（粉）……15g
塩、黒コショウ……各適量

1. 鍋に干ししいたけのボロネーゼソース、バター、水を入れて沸騰させる。

2. 塩分濃度1%の湯を沸かし、スパゲッティを茹でる。

3. 水気をよく切った2を1に入れ、中火でよく混ぜ、グラナパダーノチーズを加えソースを乳化（マンテカーレ）させる。

4. 塩で味を調え、皿に盛り、最後にグラナパダーノチーズ（分量外）と黒コショウをかける。

★干ししいたけのボロネーゼソース

[作りやすい分量]
合いびき肉……400g
ニンニク……10g
玉ねぎ……40g
セロリ……30g
にんじん……30g
赤ワイン……200cc
水……300cc
チキンブイヨン……3g
鶏レバー……50g
ローリエ……1枚
塩、黒コショウ……適量
干ししいたけ……8g
水（戻す用）……100cc
トマト缶……20g
EVオリーブオイル……適量

1. 干ししいたけを100ccの水で戻し、水気を絞ってからみじん切りにする。玉ねぎ、ニンニク、にんじん、セロリはみじん切りに。鶏レバーは、極みじん切りに叩いておく。

2. 鍋にニンニク、EVオリーブオイルを入れて弱火で炒め、香りを出す。香りが出たら玉ねぎ、にんじん、セロリを加え、玉ねぎの表面が透き通るまで炒める。

3. 2に赤ワインを入れ、半量まで煮詰める。

4. 別のフライパンを熱し、EVオリーブオイルを入れたら、塩、黒コショウをした合いびき肉、鶏レバーを加え、香ばしく炒める。

5. 4に水を入れ、なべ底をこそげ取りながらひと煮立ちさせ、3に移し入れる。

6. 5にトマト缶、チキンブイヨン、干ししいたけと戻し汁、ローリエを入れたら、弱火でコトコト煮る。

7. 30分煮て、濃度がついてきたら完成。塩、黒コショウで味を調える。

(マンジャペッシェの技)

普通、ボロネーゼには乾燥ポルチーニを入れますが、干ししいたけで代用しました。鶏のレバーはコクを出すために加えます。少ししか使わないので余ったら別レシピの鶏レバーのコンフィ（P034）に使うのがオススメです。

シジミとわかめと
チェリートマトのリゾット

滋味深いシジミだしと
トマトの酸味で元気になる。

[1〜2人分]

シジミ……100g
チェリートマト……5個
ニンニク……5g
わかめ（生）……20g
レモン……1/4個分
水……350cc
米……40g
EVオリーブオイル……適量
イタリアンパセリ……適量
＊パセリでも可
アゴだし(顆粒)……3g
塩……適量

1. シジミはよく洗い、砂抜きしておく。チェリートマトは1/2の大きさに切る。ニンニクはみじん切りに、パセリは粗みじん切りにする。わかめは食べやすい大きさに切る。

2. 鍋にEVオリーブオイルとニンニクを入れ、弱火にかける。

3. ニンニクの香りが出て、表面がきつね色になってきたら、水、アゴだし、シジミを入れ、口が開くまで加熱する。

4. 口が開いたら、シジミを取り出す。

5. 4に米を洗わずに入れて、コトコト12分炊く。水分が少なくなったら水を少し足して調整する。

6. チェリートマト、シジミ、わかめ、EVオリーブオイルを入れ、ヘラを使ってよく混ぜて乳化（マンテカーレ）させる。

7. 塩で味を調え、さらにEVオリーブオイルを入れてしっかり混ぜ、クリーミーになったら、皿に盛ってイタリアンパセリを散らして、レモンの皮を削りながらふりかける。

（ マンジャペッシェの技 ）

わかめは、生がなければ乾燥わかめを水で戻して使いましょう。レモンの皮は細かく千切りにしてふりかけてもよいです。

じゃがいものニョッキ
ゴルゴンゾーラソース

ラザーニャ

Primo Piatto

じゃがいものニョッキ
ゴルゴンゾーラソース

じゃがいもと濃厚なソースの
栄養満点ニョッキ。

[1人分]
ゴルゴンゾーラチーズ……25g
生クリーム……120cc
水……20cc
チキンブイヨン（顆粒）……1g
グラナパダーノチーズ（粉）……10g
ミックスナッツ……10g
塩、黒コショウ……各適量
ニョッキ……100g
（作り方はP087を参照）

1. ミックスナッツは粗みじん切りに、ゴルゴンゾー
   ラチーズは小さくちぎっておく。

2. 鍋に生クリームとゴルゴンゾーラチーズ、水、チ
   キンブイヨンを入れたら、弱火にしてゴルゴンゾー
   ラチーズを溶かす。溶けたらグラナパダーノチー
   ズを入れてよく混ぜ合わせ、火を止める。

3. 塩分濃度1％の湯でニョッキを茹でる。沈んでい
   たニョッキが浮いてきたら、茹であがった目安。

4. 2に水気をよく切った3を入れ、弱火にしてソー
   スを和える。

5. 皿に盛りつけ、黒コショウとミックスナッツをか
   ける。

（ マンジャペッシェの技 ）

ゴルゴンゾーラチーズでなくても、好みのブルーチー
ズで代用できます。ゴルゴンゾーラチーズは、ずっと
火にかけておくと生クリームとチーズの脂分が分離し
てしまうので要注意。ニョッキを茹でるときは、ニョ
ッキが軽く踊るくらいの火加減で。

ラザーニャ

市販のラザーニャ麺で作る
ボリューミーなひと皿。

[1〜2人分]

ベシャメルソース★……400 g
干ししいたけのボロネーゼソース……200 g
(作り方はP116を参照)
ミックスチーズ……60 g
グラナパダーノチーズ(粉)……20 g
バター……適量
トマトソース……適量
(作り方はP169を参照)
ラザーニャの麺……3枚
(下茹で不要タイプ 8cm×18cm)

1. 耐熱容器にバターを塗る。干ししいたけのボロネーゼソース、ベシャメルソースはそれぞれ温める。

2. 1の容器ににベシャメルソースの1/4を敷き詰める。

3. 2の上にラザーニャの麺を置き、さらにベシャメルソースの1/4ののせ、干ししいたけのボロネーゼソース、ミックスチーズ、グラナパダーノチーズをそれぞれ1/3の量を重ねていく。

4. 3の工程を2回繰り返す。

5. 170℃のオーブンで30分焼く。

6. 香ばしく焼きあがったら、好みの大きさに切り分け、皿に盛りつけて温めたトマトソースをかける。

(マンジャペッシェの技)

ソースの温めは、レンジでも鍋でも大丈夫です。耐熱容器はラザーニャの麺がちょうど入るくらいの大きさを選びましょう。市販のホワイトソース、ミートソースでも代用できます。

★ベシャメルソース (ホワイトソース)

[作りやすい分量]

牛乳……600cc
無塩バター……50g
薄力粉……50g
ローリエ……1枚
ナツメグ……少々
塩……適量

1. 鍋にバターを入れ、弱火で溶かす。

2. バターが溶けたら、薄力粉をザルでふるい入れ、よく混ぜる。

3. 2を弱火でじっくり混ぜる。最初はもったりした手応えだが、だんだん軽くなっていき、最後はサラサラとした状態になるので、そこまで混ぜ合わせる。

4. 3に冷たい牛乳を泡立て器で混ぜながら一気に加える。ゴムベラでなべ底からひっくり返すようにしてよく混ぜる。

5. 4にローリエ、ナツメグを加えてさらによく混ぜ、弱めの中火で加熱していく。再び沸騰して、つやが出てきたら、塩で味を調える。

Freddo

冷製パスタ

アゴだしとホタテと大葉のジェノベーゼの
冷たいフェデリーニ

チェリートマトとみょうがの
冷たいフェデリーニ

123

アゴだしとホタテと大葉のジェノベーゼの冷たいフェデリーニ

そうめん感覚でツルッと入る
冷製の海の幸パスタ。

[1人分]

ホタテ（刺身用）……2枚
いんげん……1本
フェデリーニ……30g
大葉のジェノベーゼ……15g
（作り方はP169を参照）
アゴだし（顆粒）……1g
水……10cc
レモン汁……3cc
EVオリーブオイル……小さじ1
塩……適量

1. ホタテはスライスして、塩をふり、冷蔵庫で冷やしておく。いんげんは薄く斜めに切る。

2. ボウルに1と水、アゴだし、レモン汁、大葉のジェノベーゼを入れて、よく混ぜておく。

3. 塩分濃度1％の湯を沸かし、フェデリーニを6分半茹でる。いんげんはフェデリーニを茹で始めて5分半たったら鍋に入れて、1分間茹でる。

4. 茹で上がったいんげんとフェデリーニは氷水で冷やし、シャキッとさせる。

5. キッチンペーパーで4の水気をしっかりふき取り、2に入れてよく混ぜる。

6. 5にEVオリーブオイルを入れてよく混ぜる。もったりしすぎたら、水を加えてさらによく混ぜる。

7. 皿に盛る。

チェリートマトとみょうがの
冷たいフェデリーニ

みょうがの爽やかさが
夏向きのさっぱりパスタ。

[1人分]

チェリートマト……6個
ニンニクオイル……2〜3滴
（作り方はP032を参照）
みょうが……1個
レモン汁……3cc
EVオリーブオイル……小さじ1
塩……適量
フェデリーニ……30 g

1. チェリートマトは半分に切る。みょうがは千切り
   にして水にさらし、辛みが抜けたらよく水気を切
   っておく。

2. ボウルにチェリートマトを入れ、塩をふり、よく
   混ぜておく。トマトの水分が出てくるまでよく混
   ぜる。この汁が味の決め手になるので、しっかり
   混ぜる。

3. 塩分濃度1％の湯を沸かし、フェデリーニを6分
   半茹でる。茹であがったら氷水に取り、キッチン
   ペーパーで水気をふき取る。

4. 2にフェデリーニ、ニンニクオイル、レモン汁を
   入れてよく混ぜる。塩で味を調え、EVオリーブオ
   イルを入れてよく混ぜ合わせ、とろみのあるソー
   スにする。

5. 皿に盛つけ、みょうがを飾る。

Secondo Piatto / Pesce

魚料理

魚のロースト ケッカソース

さわやかな酸味のソースと
野菜の甘みのハーモニー。

[2人分]
白身魚（切り身）……150g
＊白身魚はタイやヒラメ、スズキなど好みで
EVオリーブオイル……適量
ラディッシュ……1個
小松菜……2本
なす……2cm
しいたけ……1個
塩……適量
ケッカソース★……適量

1. 魚に塩をしておく。

2. ラディッシュとしいたけは縦半分、なすは1cm幅
の輪切りにする。小松菜は根を切る。

3. フライパンを熱しEVオリーブオイルを入れ、弱
火にする。

4. 1の水分をふき、皮目から入れ、皮がパリッとす
るまで焼く。約8割火が入ったら裏返し、サッと
焼く。

5. 付け合わせの2に塩をして、魚と同じフライパン
に入れ同時に焼く。

6. 皿に魚と付け合わせを盛り、ケッカソースをかけ
る。

★ケッカソース

[作りやすい分量]
チェリートマト……20個
塩……1g
ニンニクオイル……5滴
（作り方はP032を参照）
バジル……6枚
EVオリーブオイル……20cc
赤ワインビネガー……10cc

1. チェリートマトは半分に切る。バジルは2cm四方
くらいにちぎる。

2. ボールにチェリートマトと塩を入れよく混ぜ合わ
せ、残りの材料を入れてなじませる。

ズッパ ディ ペッシェ

素材の旨みが凝縮！
豪快な海の幸スープ。

[2人分]

白身魚 (切り身) ……100g
＊白身魚はタイやカサゴなど煮くずれしにくい魚
有頭エビ……4尾
＊ブラックタイガーやバナメイ、赤エビなど
ヤリイカ……1杯
アサリ……6個
ムール貝……4個
玉ねぎ……1/4個
ひらたけ……50g
ブロッコリー……1/4個
EVオリーブオイル……適量
水……600cc
トマト缶……150g
イタリアンパセリ……適量
レモン……1/4個
塩……適量

1. 有頭エビは背ワタを取り、頭としっぽを残して殻をむく。ヤリイカは内臓を取りのぞき、輪切りにする。エビとヤリイカ、白身魚にそれぞれ塩をしておく。

2. 玉ねぎは皮をむいてくし切り、ひらたけ、ブロッコリーは食べやすい大きさに切る。

3. アサリは砂抜きをし、ムール貝は表面をたわしできれいに洗う。

4. 鍋を熱してEVオリーブオイルを入れ、魚を皮目から両面を焼き、エビ、イカ、2も加えてサッと香ばしく焼く。

5. 4に水、アサリ、ムール貝を入れ、口が開いたらトマト缶を加えて5分ほど煮る。

6. 塩で味を調え、器に盛る。レモンとイタリアンパセリを添え、EVオリーブオイルをかける。

(マンジャペッシェの技)

余分な調味料を加えず、魚介類から出る旨みだけでいただきます。

サケのムニャイア

―――――

仕上げに入れるバターが、
おいしさの決め手！

―――――

[2人分]

サケ（切り身）……150g
薄力粉……適量
EVオリーブオイル……適量
小玉ねぎ……4個
チェリートマト……4個
アンチョビバターソース……30g
（作り方はP057を参照）
パセリ（粗みじん切り）……適量
塩……適量

1. サケに塩をしておく。

2. チェリートマト、小玉ねぎは1/2に切る。

3. 1の水分をふき取り、薄力粉を薄くまぶす。

4. フライパンを熱しEVオリーブオイルを入れる。
   弱火にし、3を皮目から焼く。小玉ねぎを加え、塩
   をふり焼く。

5. サケの両面を8割くらいの火入れで香ばしく焼い
   たらチェリートマト、アンチョビバターソースを
   入れて溶かす。

6. チェリートマトが温まったら、パセリを入れて皿
   に盛りつける。

魚とアサリのヴァポーレ

ほったらかしでもおいしくできる、
便利なおもてなしレシピ。

[2人分]

白身魚 (切り身) ……100g
＊白身魚はタイやカサゴなど煮くずれしにくい魚
アサリ……4個
かぶ……1/4個
スナップエンドウ……2本
芽キャベツ……1個
ひらたけ……2カット
セミドライトマト★……6個
ケッパー (酢漬け) ……6粒
水……300cc
タイム……2本
EVオリーブオイル……適量
塩……適量

1. 魚に塩をしておく。アサリは砂抜きをする。

2. かぶはくし切り、芽キャベツは半分、ひらたけは
   食べやすい大きさに切る。スナップエンドウは筋
   を取りのぞく。

3. 鍋に水を入れ中火にかけ、セミドライトマト、ケ
   ッパー、アサリを入れ、沸騰したら2を入れる。

4. 3の上に魚とタイムをのせ、蓋をして弱火で5分
   蒸し煮にする。魚に火が通ったら塩で味を調える。

5. 皿に盛りつけ、EVオリーブオイルをかける。

★セミドライトマト

[作りやすい分量]

チェリートマト……20個
塩……少々

1. チェリートマトを横半分に切り、断面に軽く塩を
   する。

2. 断面を上にしてクッキングシートに広げる。

3. オーブンを100℃に熱し、1時間程加熱してセミ
   ドライになれば完成。

じゃがいもと魚のオーブン風

シンプルでジューシー、
人気の定番メニュー。

[2人分]
白身魚 (切り身) ……150g
＊白身魚はタイやカレイなど身がふっくらする魚
じゃがいも……1個
EVオリーブオイル……適量
塩……適量
タイム……1〜2本

1. 魚に塩をしておく。じゃがいもは皮をむき5mm
   の厚さの輪切り、両面に塩をしてしばらくおく。

2. フライパンを熱しEVオリーブオイルを入れ、弱
   火にする。じゃがいもを入れ、その上に魚とタイ
   ムをのせ蓋をして3分弱火で加熱する。

3. 魚を一度取り出す。じゃがいもを裏返し、その上
   に魚を戻し、蓋をして3分弱火で加熱する。

4. 魚とじゃがいもに火が通ったら、皿に盛りEVオ
   リーブオイルをかける。

マンジャペッシェの技

オーブン対応のフライパンや耐熱器などに入れ、蓋を
して200度のオーブンに約3分入れ、一度魚を取り出
し、じゃがいもを裏返して魚を戻し、約3分焼いても
よい。

Secondo Piatto / Carne

肉料理

Secondo Piatto / Carne

牛ステーキ タリアータ

肉の中に旨みを、
ギュッと閉じ込めて。

[2～3人分]

牛もも肉（ブロック）……300g
EVオリーブオイル……適量
ローズマリー……1本
塩……適量

つけあわせサラダ
| ルッコラ……30g
| EVオリーブオイル……5cc
| 塩……適量
| 赤ワインビネガー……2cc

パルミジャーノチーズ（固まり）……適量
黒コショウ……適量
レモン……1/4個

1. 牛肉は常温に戻し、塩をする。

2. フライパンを熱しEVオリーブオイルとローズマ
   リーを入れ、牛肉を中火で焼く。

3. 肉はあまり動かさず、焼き色がついたら裏返す。
   串を刺して中心が温かくなるまでこんがり焼く。

4. 皿に取り出し15分ほど休ませる。

5. 4をフライパンに戻し、表面をさらに香ばしく焼
   く。

6. ルッコラをボウルに入れ、EVオリーブオイルをか
   らめる。塩と赤ワインビネガーで味を調える。

7. 5を7mmくらいの厚さに切る。

8. 皿に6と7を盛りつけ、パルミジャーノチーズを
   ピーラーで削りかける。黒コショウをふり、レモ
   ンを添える。

（ マンジャベッシェの技 ）

肉は常温に戻すと均等に火が入りやすくなります。ま
た、焼いたあとに休ませることで余熱の優しい温度で
肉汁が中に残り、旨みが逃げにくくなります。タリア
ータとは薄切りという意味。

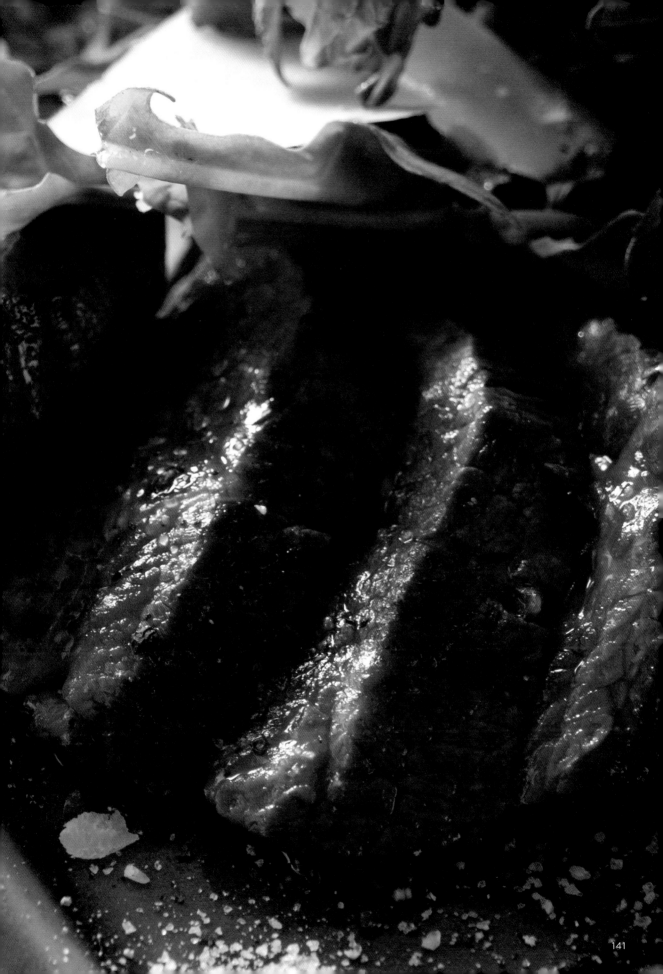

豚バラの農民風

茹で豚を香ばしく仕上げる、
イタリア流回鍋肉（ホイコーロー）。

[作りやすい分量]

茹で豚
　　豚バラ肉（ブロック）……500g
　　塩……5g
　　水……1ℓ
　　チキンブイヨン（顆粒）……5g

豆の煮込み
　　玉ねぎ（みじん切り）……50g
　　EVオリーブオイル……適量
　　豚の茹で汁……200cc
　　ミックスビーンズ（水煮または冷凍）……150g
　　塩……適量

塩、白コショウ……各適量
薄力粉……適量
EVオリーブオイル……適量
マスタード……適量

1. 豚バラ肉は5gの塩をして30分おく。

2. 鍋に水、チキンブイヨンを入れ沸騰したら豚バラ肉を入れ、1時間蓋をして弱火で茹でる。

3. やわらかくなったら取り出し、粗熱を取り、食べやすい大きさに切る。茹で汁はとっておく。

4. つけ合わせの豆の煮込みを作る。鍋にEVオリーブオイルと玉ねぎを入れ、しんなりするまで弱火で炒める。

5. 4に3の茹で汁とミックスビーンズを入れ、やわらかくなるまで弱火で煮詰め、塩で味を調える。

6. 3の豚バラ肉に塩、白コショウをして薄力粉を薄くまぶす。熱したフライパンにEVオリーブオイルを入れ、弱火で表面をカリッと焼く。

7. 皿に豆の煮込みと豚バラ肉を盛りつけマスタードを添える。

牛ほほ肉のブラザート

口の中でとろける肉が美味！
北イタリアのマンマの味。

[2〜3人分]

牛ほほ肉……200g
玉ねぎ……150g
セロリ……70g
にんじん……70g
ニンニク（みじん切り）……10g
塩、黒コショウ……各適量
EVオリーブオイル……適量
薄力粉……適量
赤ワイン……500cc

煮込みソース
    チキンブイヨン……8g
    トマト缶……80g
    水……200cc
    ローリエ……1枚

ガストリック★……100g
小松菜……2本

1. 牛ほほ肉は食べやすい大きさに切り、塩、黒コショウをしておく。

2. 玉ねぎ、にんじんは皮をむき、セロリは筋を取り2cm角に切る。

3. 牛ほほ肉に薄力粉を薄くまぶす。

4. フライパンを熱しEVオリーブオイルを入れ、3を両面中火で香ばしく焼く。途中、余分な脂を捨て赤ワインを入れ、底についた旨みをこそげ取る。

5. 深めの鍋にEVオリーブオイルとニンニクを入れ、香りが出るまで中火で炒める。2の野菜を入れしんなりするまで炒める。

6. 野菜が炒まったら4の牛肉と煮込みソースの材料を入れ沸騰させる。アクを取り、極弱火にし蓋をして約1時間煮込む。焦げないように、たまに鍋底から混ぜる。

7. 6の牛肉がやわらかくなったら取り出し、鍋の中の野菜はハンドミキサーにかけ、なめらかなソースにする。

8. 7のソースにガストリックを加え、味を調えたらここに牛肉を戻し温めてなじませる。小松菜を茹で、牛肉とともに皿に盛りつける。

★ガストリック
（コク出し万能調味料）

[作りやすい分量]

砂糖……200g
赤ワインビネガー……40g
水……100cc

1. 鍋に砂糖と赤ワインビネガーを入れ、中火にかける。

2. 砂糖が溶けてうっすら煙が出てきたら火を止める。

3. 粗熱が取れたら水を加え（このとき、水はねに注意）、全体が混ざれば完成。

マンジャペッシェの技

プロ直伝のガストリックで本格的な味わいに。ゼラチン質も多く煮込みに最適な牛ほほ肉は、ネットでも入手可能。ほかに牛スネ肉やテール、牛タンなどもオススメ。

ボリートミスト

ピエモンテ州の郷土料理、
イタリア風の肉おでん。

[3~4人分]

鶏もも肉……1枚（150g）
豚のタン……200g
ソーセージ……6本
キャベツ（芯つきのくし切り）……1/8個
玉ねぎ（芯を付け1/8のくし切り）……1個
にんじん……1本
セロリ……1本
ひらたけ……1房
塩……適量
大葉のジェノベーゼ……適量
（作り方はP169を参照）
マスタード……適量
水……1ℓ

1. 鶏もも肉と豚のタンは1/4の大きさに切り、塩を
   してしばらくおく。キャベツ、玉ねぎ、にんじん、
   セロリ、ひらたけはやや大きめに切り分ける。

2. 鍋に水と塩ひとつまみ入れ沸騰させ、すべての野
   菜とひらたけ、豚のタンを入れる。再び沸騰した
   ら極弱火にし20〜30分煮込む。

3. 豚のタンに串がスッと入るようになったら、ソー
   セージと鶏もも肉を入れ、鶏もも肉に火が入るま
   で10分ほど煮込む。

4. 塩で味を調え、皿に盛りつけマスタードと大葉の
   ジェノベーゼを添える。

(マンジャペッシェの技)

煮込み料理は、素材の旨みが逃げないように肉や野菜
を大きめに切るのがポイント。鶏もも肉とソーセージ
は後から入れジューシーに仕上げます。料理名のボリ
ートは茹でる、ミストはミックスという意味。

鶏もも肉とじゃがいものロースト

カリッとジューシーな鶏肉と
じゃがいもの黄金コンビ。

[2人分]

鶏もも肉……1枚（300g）
じゃがいも（男爵）……2個
ニンニク（皮付き）……1片
ローズマリー……1本
レモン……1/4個
塩、黒コショウ……各適量
EVオリーブオイル……適量

1. 鶏もも肉は塩、黒コショウをしてしばらくおく。

2. フライパンを熱しEVオリーブオイルを入れる。鶏もも肉を皮目から入れ、ローズマリー3/4本をのせ弱火で焼く。

3. 皮がパリッとし火が8割ほど通ったら裏返し火を止め、余熱で約5分おく。焼き具合をチェックし、食べやすい大きさに切る。

4. じゃがいもは皮付きのまま洗い、食べやすい大きさに切る。

5. フライパンを熱し、EVオリーブオイルを多めに入れる。弱火にしてじゃがいもを入れ、塩を加え、EVオリーブオイルをからめる。残りのローズマリーとニンニクを手で潰して入れる。両面をじっくり焼き、串がスッと入ったら、火を強めてカリッと仕上げる。

6. 皿に盛りつけ、レモンを添える。

コトレッタ

カツレツのルーツ、
チーズ風味が特徴。

[2〜3人分]

豚ロース肉……150g
塩、白コショウ……各適量
パン粉……60g
グラナパダーノチーズ（粉）……10g
バター……20g
EVオリーブオイル……20cc
卵、薄力粉……各適量
ケッカソース……適量
（作り方はP128を参照）
レモン……1/4個
ルッコラ……適量

1. 豚ロース肉は1cmの厚さに切る。ラップ材をして肉たたきなどで5mmに薄くのばし、塩、白コショウをしておく。薄いので塩加減に注意。

2. パン粉は目の細かいザルで漉して、グラナパダーノチーズを混ぜる。

3. 1に薄力粉をまぶし、割りほぐした卵、2のパン粉をつける。

4. フライパンにバターとEVオリーブオイルを入れ、中火でバターを溶かす。バターの泡が消えてきたら3を入れ、両面がきつね色になるまで揚げ焼きする。

5. 皿に盛り、ケッカソース、レモン、ルッコラを添える。

（ マンジャペッシェの技 ）

肉たたきの代わりに重めの鍋の底をやワインの瓶（割れないように注意）を使ってもOK。コトレッタは衣をつけて油で揚げる、イタリアの代表的な肉料理。細かいパン粉を使うことで上品な口あたりになります。

Dolce

ドルチェ

ティラミス

コクのあるマスカルポーネと
コーヒーのほろ苦さが絶妙！

[13cm四方]

サボイアルディ
（フィンガービスケット）……6本
卵……1個
マルサラ酒……10cc
＊ラム酒でも可
マスカルポーネ……125g
生クリーム……80g
グラニュー糖……20g
エスプレッソ……100cc
＊ブラックコーヒーでも可
ココアパウダー……適量
ミント……適量

1. サボイアルディにエスプレッソを染み込ませる。エスプレッソを温めると染み込みやすい。

2. 卵黄と卵白を別々のボウルに割り入れる。ボウルに水分や油分がつかないようにする。

3. マスカルポーネクリームを作る。新しいボウルに生クリームとマスカルポーネを入れ、固くなるまで泡立て器で混ぜ合わす。

4. 2の卵黄のボウルにグラニュー糖の半量とマルサラ酒を入れ、湯せんにかけながら白くもったりするまで泡立て器で混ぜる。

5. メレンゲを作る。2の卵白のボウルに残りのグラニュー糖を入れ、角が立つまで泡立てる。

6. 3に4を2回に分けて入れ、泡がつぶれないように混ぜる。

7. 6に5のメレンゲを2回に分けて入れ泡がつぶれないように混ぜる。

8. 容器に7のクリームの半量を敷き詰め、ココアパウダーを振る。

9. 1のサボイアルディの水分をしっかり絞り、8のクリームの上に並べココアパウダーを振る。

10. 9の上に残りのクリームを広げ、冷蔵庫で冷やす。

11. 好みの分量をスプーンですくい皿に盛り付け、ココアパウダーを振り、ミントを飾る。

（ マンジャペッシェの技 ）

サボイアルディの上下をココアパウダーで挟むことで、水分がクリームに流れ出てゆるむのを防ぎます。サボイアルディが手に入らない場合は、ビスケットやスポンジケーキで代用してもよいです。

Dolce

ボネ

ピエモンテ州に伝わる、
大人のチョコレートプリン。

[100mlの耐熱容器3個分]

アマレッティ
（アーモンドプードルを使った焼き菓子）……20 g

A｜グラニュー糖……25g
　｜ココアパウダー……10g

B｜牛乳……160cc
　｜インスタントコーヒー……5g
　｜マルサラ酒……10cc
　｜＊ラム酒でも可
　｜グラニュー糖……適量
　｜バター……適量

キャラメルソース
　｜グラニュー糖……30g
　｜水……30cc

卵……1個
ホイップクリーム……適量
（生クリームに対して10％の砂糖で泡立てる）

1. 耐熱容器にバター（分量外）を薄く塗り、グラニュー糖（分量外）をまぶしておく。

2. アマレッティは厚手のビニール袋に入れ、麺棒などで砕く。

3. Aを混ぜ合わせておく。

4. キャラメルソースを作る。分量のグラニュー糖を鍋に入れ火にかけ、煙が出てきたら火からはずし分量の水を加える。このとき、水はねに注意。

5. 別の鍋にBと2の砕いたアマレッティを入れ、沸騰直前まで温める。

6. ボウルに卵を割り入れ、3を加えよく混ぜる。

7. 6のボウルに温めた5を入れ、よく混ぜる。

8. 1の容器に4のキャラメルソースを入れ、その上に7を注ぎ入れる。

9. オーブン皿に湯を1cmほど入れ、8をのせて160℃に余熱したオーブンで約25分焼く。中心まで固まったら、粗熱をとり冷やす。

10. ゆるく泡立てたホイップクリームを皿に敷き、容器から取り出した9をのせる。

マンジャペッシェの技

ボネはピエモンテ州南部の方言で「ベレー帽」の意味。
ボネを焼く型の形がベレー帽に似ているのが由来。

ナッツとチョコレートのセミフレッド

フワッととろける、
イタリアのアイスケーキ。

[作りやすい分量]

プラリネ
　　ミックスナッツ……30g
　　グラニュー糖……30g

チョコレート……20g
卵……1個
グラニュー糖……30g
生クリーム……150cc
レモンの皮……適量
メレンゲのクッキー★……適量

1. プラリネを作る。鍋に分量のグラニュー糖を入れキャラメルを作る。色づいたらミックスナッツを加えよくからめ、クッキングシートの上に広げる。冷めて固くなったら細かく砕く。

2. チョコレートは刻んでおく。

3. 卵黄と卵白を、それぞれ別のボウルに割り入れておく。

4. 別のボウルに生クリームを入れ、7分立てにする。

5. 3の卵黄のボウルにグラニュー糖の半量を入れ、白くなるまで泡立て器で混ぜる。

6. 3の卵白のボウルに残りのグラニュー糖を入れ、角が立つまで泡立てる。

7. 5に4の生クリームを2回に分けて入れ、ゴムベラで泡が消えないようにさっくり混ぜる。

8. 7に6のメレンゲを2回に分けて入れ、ゴムベラで泡が消えないようにさっくり混ぜる。

9. 8のクリームにプラリネとチョコレート、レモンの皮を削り入れさっくり混ぜる。

10. 四角い容器にラップ材を貼り、その上にクッキングシートを敷き、9のクリームを流し入れ冷凍庫で固める。

11. 食べやすい大きさに切り、器に盛り付け、メレンゲのクッキーを飾る。

★メレンゲのクッキー

[作りやすい分量]

卵白……1個分
粉糖……70g
アーモンドプードル……20g

1. 卵白をボウルに入れ湯せんにかけながら、泡立て器で泡立てる。

2. 卵白の角が立ってきたら粉糖を5〜6回に分けて入れ、その都度よく混ぜる。つやが出て角がしっかり立つまで混ぜる。

3. アーモンドプードルを2に振るい入れ、ゴムベラでさっくりと混ぜ合わせる。

4. クッキングシートを天板に敷き、3を絞り袋に入れて絞り出す。

5. 100℃に余熱したオーブンで1時間焼き、粗熱がとれるまでおく。

6. 冷めて中までしっかり乾燥したら完成。

マチェドニア

華やかなイタリア風
フルーツポンチ

[作りやすい分量]

好みのフルーツ……計600 g
(写真はパイナップル、ブルーベリー、キウイ、オレンジ、
ルビーグレープフルーツ)

マリネ液
| レモン……1/8個
| レモン汁……20cc
| 白ワイン……50cc
| 水……200cc
| グラニュー糖…50g

ミント……適量

1. マリネ液の材料を鍋に入れ沸騰させて砂糖を溶か
   し、冷ましておく。

2. フルーツは食べやすい大きさに切っておく。

3. 冷えた1のマリネ液にフルーツを漬け込み、冷蔵
   庫で半日なじませる。器に盛り、ミントを飾る。

チョコレートのテリーヌ

濃厚＆しっとり
リッチなチョコデザート。

[パウンド型9×28cm]

ブラックチョコレート……375g
無塩バター……375g
卵……300g
グラニュー糖……200g
薄力粉……10g
ココアパウダー……10g
ホイップクリーム……好みの量
（生クリームに対して10％の砂糖で泡立てる）
ミント……適量

1. ボウルに刻んだブラックチョコレートと小さく切ったバターを入れ、ラップ材をかけ湯せんで溶かす。

2. 別のボウルに卵を割り入れ、グラニュー糖を加え泡立て器でよく混ぜる。グラニュー糖が完全に溶けたら、1に加えよく混ぜる。

3. ココアパウダーと薄力粉をザルで漉して2に加え、つやが出るまでゆっくり混ぜる。

4. パウンド型の内側にクッキングシートを敷き、3を流し入れる。

5. オーブン皿に湯を1cmほど入れ、4をのせて150℃に余熱したオーブンで約1時間焼く。

6. 粗熱をとり、冷蔵庫で冷やす。

7. 好みでホイップクリームとミントを添える。

自家製

フォカッチャを作る

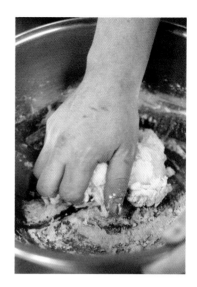

イタリアの典型的なパンのひとつ、フォカッチャ。
焼きたてはローズマリーの香りが絶品です。
一般的なパン作りと比べても簡単なので、
ぜひ、トライしてください。

[作りやすい分量]

A（発酵だね）
　　薄力粉……16g
　　ぬるま湯……15cc
　　生イースト……8g（インスタントドライイースト……2.5g）
　　　＊インスタントドライイーストで代用する場合は、
　　　薄力粉とぬるま湯は不要。3のボウルに直接入れる。

強力粉……100g
薄力粉……115g
塩……4g
はちみつ……8cc

牛乳……115cc
EVオリーブオイル……30cc
ピュアオリーブオイル……60cc
ローズマリー（みじん切り）……適量
塩……適量

1. Aをボウルに入れ、よく混ぜてから10~20分置いて発酵
　 だねを作る。

2. 牛乳とEVオリーブオイルを電子レンジで1分ほど加熱
　 し、ぬるめに温めておく。

3. 別のボウルに強力粉と薄力粉、塩、はちみつを入れ、さ
　 らに1、2を加えてからよく練る。ひとつにまとまったら
　 ボウルから出し、生地を伸ばしながらさらに練っておく。
　 生地を両手で引っ張ったとき、途中で切れずに伸びるか
　 を目安に。

4. 3を丸く整え、ラップ材をかぶせて5分置く。

5. 5分経ったら生地に水分がなじむので、さらに丸く
整えて表面をなめらかにツルッとさせる。発酵が徐
々に始まっているので、生地内のガスが逃げないよ
うに生地の裏側のつなぎめをつまんでしっかり塞ぐ
ようにする。

6. 5をボウルに戻してラップ材をし、約50分常温にお
いて一次発酵させ、2倍くらいの大きさになったら、
生地の上から手のひらで押すようにしながら生地内
の空気をしっかり抜く。

7. 6のまわりをカードで整えて円柱状にし、ピュアオ
リーブオイルを入れたバットに入れ、バットの中の
オイルをスプーンですくいながら表面にかける。

8. ローズマリーを6の表面全体にふりかけ、塩を軽く
全体にふり、表面に指を軽く押し込みながら、3cm
間隔に穴を開ける。

9. 8にラップ材をかぶせて常温で50分程度おいて二次
発酵させる。約1.5倍の大きさになったら、7のバッ
トに残っているオイルを表面にかける。

10. 9を200℃に予熱したオーブンに入れ、8分焼く。

11. いったん10を取り出し、バットの中のオイルをスプーンで表面にかけ、バットの向きを変えてオーブンに入れ、さらに5分焼く。

12. 11を取り出して網の上に置き、バットに残っているオイルを表面にかけ、粗熱を取る。

Fatto in casa_3

Salsa &
Sempre pronto

ソース&常備菜

イタリア料理をおいしくするソースや常備菜。
新鮮な材料が手に入った時などに、
作り置きしておくとすぐに使えて便利です。
マンジャペッシェ特製の便利食材を紹介します。

※数字は掲載ページです

ニンニクアッシェ オイル漬け
p021 / 032 / 047 / 078 / 125/ 128

みじん切りにしたニンニクをオイル
に漬け込んでいるので酸化しにくく、
冷蔵庫で約1週間保存が可能。上澄
みのオイルはニンニクオイルとして
使える。

ザワークラウト
p023

キャベツに塩をして発酵させるだけ
なので簡単。火を使わずにできる漬
物感覚の常備菜。今回は赤キャベツ
を使用したが、どんなキャベツでも
作れる。

トンナートソース
p036

イタリア語のトンノとは、ツナのこ
と。トンナートは、ツナのような、
という意味。市販のツナ缶で簡単に
できるマヨネーズのようなソースが
これ。ドレッシングとしても。

シーザードレッシング
p048

卵と牛乳とチーズを使った、栄養た
っぷりの濃厚ドレッシング。アンチ
ョビの旨みのある塩気が程よいアク
セントになっている。野菜をメイン
料理で食べたいときにどうぞ。

タルタルソース
p058

茹で卵から作る本格的なソース。玉
ねぎやパセリなど新鮮な野菜を使う
だけで、市販のものと比べられない
ほどの味に。自家製ソースを添える
だけで、フリットもさらにおいしく。

アイヨリソース
p081

市販のマヨネーズにレモン汁とニン
ニクの擦りおろしを混ぜるだけの簡
単ソース。濃厚だが、レモンの爽や
かな酸味が特徴。簡単に作れるので、
ぜひ、お試しを。

プッタネスカソース

p055 / 093

塩漬けにしたオリーブとアンチョビ、ケッパーなど手に入りやすい素材で作るソース。プッタネスカとは娼婦という意味。忙しくても、手早く作れるソース。

アンチョビバターソース

p057 / 133

魚料理に使いたいスペシャルソース。鍋に無塩バターとアンチョビを入れて、弱火で香ばしく炒めたら、みじん切りのニンニクとケッパーを混ぜるだけ。簡単で汎用性が高いバター。

ブールブルギニョン（香草バター）

p068

野菜や魚、肉などどんな料理にも合う万能なバター。このバターで料理するだけでプロ級の味になる。料理に使うだけでなく、トーストに塗ってもおいしい。

柚子胡椒

p016

柚子胡椒は自宅で簡単に作れる。フレッシュな青い柚子と青唐辛子をみじん切りにして、塩を混ぜるだけ。市販では味わえない新鮮な香りがやみつきになる。冷凍保存も可能。

カリカリパン粉

p097

パン粉をオリーブオイルでカリカリに炒め、アンチョビで味をつけたもの。粉チーズのようにふりかけ感覚で使えるのが便利。密閉瓶で保存して、常備したい。

トマトソース

p055 / 101 / 121

鍋にEVオリーブオイルを入れ、みじん切りのニンニク20gを炒め、みじん切りの玉ねぎ200gを加えじっくり炒める。さらにトマト缶800gと塩5gを加え、30分煮込む。

セミドライトマト

p012 / 134

野菜を干すと味が凝縮するのはトマトも同じ。特にチェリートマトは小さいながらトマトの旨みがギュッと詰まっているので、ドライにしておくといつでも使えて便利。

ケッカソース

p128 / 151

トマト、バジル、ニンニクを使ったイタリアの代表的なトマトソース。オリーブオイルとトマトから出た水分をしっかり混ぜて、乳化（マンテカーレ）させるのがコツ。

大葉のジェノベーゼ

p124 / 147

スライスしたニンニク5g、大葉50g、ミックスナッツ15g、塩2g、レモン汁10ccとEVオリーブオイル40ccを用意。すべてをミキサーにかければ完成。

私たちのおいしさを支える
生産者たち

私たちのこだわりは、素材の鮮度とクオリティにあります。『杉正農園』と『吉田牧場』は開店当時から、共に歩んできた生産者です。大自然の懐で大切に育まれた野菜やチーズは、料理のおいしさを一層引き立ててくれます。

静岡県認定のエコファーマー
『杉正農園』の濃厚有機野菜

富士山の火山灰土が堆積された肥沃な土壌で育った野菜は、「箱根西麓三島野菜」として、そのおいしさが高く評価されています。興味を持った野菜を栽培する主義で、現在は130種類も作っているそう。マンジャペッシェのサラダの甘くて濃厚な味わいの秘密は、有機質を多く含む土にあるのです。

静岡県三島市川原ケ谷727
☎055-973-2732

有名レストランのシェフが惚れ込む
『吉田牧場』のチーズ

乳牛の飼育から手がけナチュラルチーズを生産する、日本では希少なチーズ農家。放牧した牛のミルクを使って作るモッツァレラチーズやカチョカバロは、そのおいしさが全国のシェフに知られ一般市場では入手困難と言われる幻のチーズです。マンジャペッシェではモッツアレラチーズを、チェリートマトのカプレーゼに使用しています。

岡山県加賀郡吉備中央町上田東2390-3
☎0867-34-1189

『トラットリア マンジャペッシェ』の姉妹店

魚介中心の隠れ家的な
カウンターイタリアン

東京・恵比寿の路地裏に佇む白壁の一軒家の『S（エッセ）』は、2018年に『トラットリア マンジャペッシェ』の姉妹店としてオープンしました。シェフはマンジャペッシェで料理長を務めた清水明完。店名はこの店のコンセプトでもある「STAGIONE（季節感）」、「SERVIZIO（おもてなし）」、「SPECIALE（特別）」「SPAZIO（空間）」の頭文字をとっています。カウンター席からはオープンキッチンが一望でき、料理人たちの見事な手さばきが楽しめます。プライベート感溢れる大人の空間で、旬の食材や魚料理を堪能できます。

S エッセ

東京都渋谷区恵比寿南2-4-19　☎03-6412-7130
https://www.esse.tokyo/
info@esse.tokyo
https://www.facebook.com/esse20180701

イタリアの港町を彷彿させる
新鮮な魚介が主役です。

『トラットリア マンジャペッシェ』は日本のイタリア料理界を
代表する一人で、アクアパッツァグループを統括する日髙良実総
料理長の監修のもと、1996年7月に東京・千駄ヶ谷にオープン
しました。以来、地元の方をはじめ、遠方からわざわざ訪れてく
ださる方、親子3代で通ってくださるご家族など、多くのお客さ
まに愛されてきました。

店名はイタリア語で「お魚を召し上がれ」という意味です。当時
はまだ、魚介を主役にしたイタリアンや気軽に楽しめるトラット
リアも珍しかった時代。日本の新鮮な魚介をのせたワゴンで各テ
ーブルを回り、ゲストが調理法をリクエストする本場のスタイル
は、イタリア好きの方にも喜ばれました。2010年に独立し、ス
タッフはそのまま株式会社レジーナを立ち上げました。開店当時
からのスピリットは現在も守り続けられています。

高い天井と大きな窓が開放的な店内、心地よい風が流れるテラス
が自慢のマンジャペッシェで、イタリアの港町のトラットリアに
いるような味と気分をお楽しみください。

Trattoria Mangia Pesce

トラットリア　マンジャペッシェ

Owner : Masayuki Shibata
　　　　 Chie Shibata

Chef : Keita Izumichi

Staff : Harusada Shimizu , Kenji Segawa
　　　　Koki Noda , Kanae Shirasaki
　　　　Shoma Hasegawa , Kana Usami
　　　　Kotone Suzuki , Natsuki Saima
　　　　Mayu Negishi , Emi Abe
　　　　Yuna Morita , Arisa Yahagi

東京都渋谷区千駄ヶ谷3-50-11 明星ビル1F
☎03-3403-7735
https://www.mangiapesce.com
info@mangiapesce.com
https://www.facebook.com/TrattoriaMangiaPesce/

Creative director : AZZAMI (Advertising・Orchestra / Craft Design Technology)
Art director : Ayumi Nishibe
Photographer : Taku Fukuoka
Stylist : Yumi Kaneshiro (OR-STYLINGROOM)
Editor : Kyoko Yukishima , Keiko Takahashi
Editing cooperation : kukui books

マンジャーモ ア カーサ
Mangiamo a casa
マンジャペッシェの技をご家庭で

発行日	2020年　8月　5日	第1版第1刷

著　者　Trattoria Mangia Pesce
トラットリア マンジャ ペッシェ

発行者　斉藤　和邦

発行所　株式会社　秀和システム
〒135-0016
東京都江東区東陽2-4-2　新宮ビル2F
Tel 03-6264-3105 (販売)　Fax 03-6264-3094

印刷所　三松堂印刷株式会社

©2020 Trattoria Mangia Pesce　　　　Printed in Japan
ISBN978-4-7980-6261-7 C0077